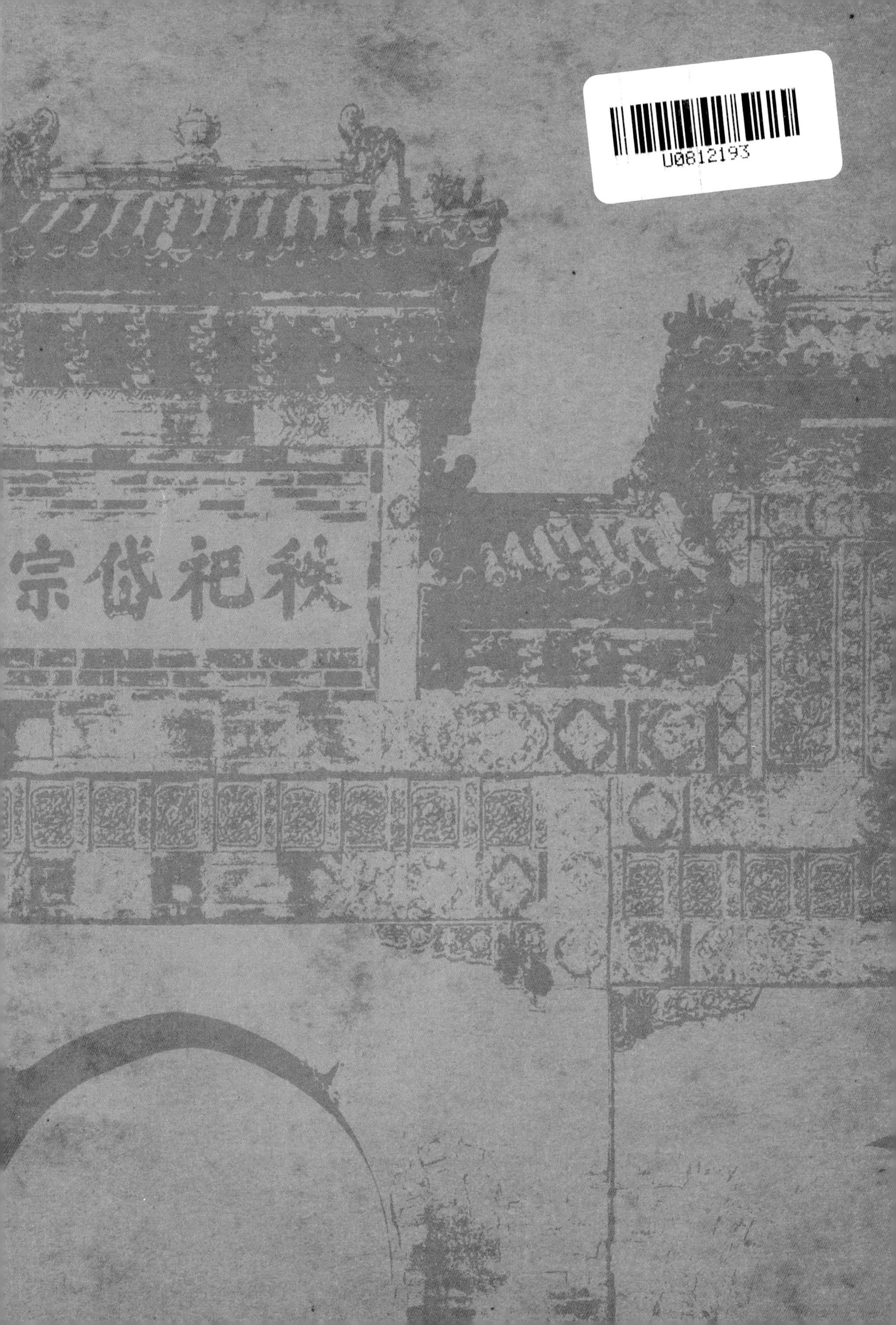
秩祀岱宗

中国方言民俗图典系列·第一辑

编委会

国家出版基金项目
NATIONAL PUBLICATION FOUNDATION

“十二五”国家重点图书出版规划项目

北京方言民俗图典

刘晓海 著

中国方言民俗图典系列·第一辑

主编 侯精一 李守业 曹志耘

语文出版社
·北京·

图书在版编目（C I P）数据

北京方言民俗图典 / 刘晓海著. -- 北京 ：语文出版社，2014.12
（中国方言民俗图典系列. 第1辑）
ISBN 978-7-80241-935-3

Ⅰ. ①北… Ⅱ. ①刘… Ⅲ. ①官话－介绍－北京市②风俗习惯－介绍－北京市 Ⅳ. ①H172.1②K892.41

中国版本图书馆CIP数据核字(2014)第238836号

策划编辑　慈　舒　傅雪梅
责任编辑　张双亭
装帧设计　奇文云海·设计顾问
出　　版　语文出版社
地　　址　北京市东城区朝阳门内南小街51号　100010
电子信箱　ywcbsywp@163.com
排　　版　奇文云海·设计顾问
印刷装订　北京顺诚彩色印刷有限公司
发　　行　语文出版社　新华书店经销
规　　格　787mm×1092mm
开　　本　1/16
印　　张　17.5
字　　数　330千字
版　　次　2014年12月第1版
印　　次　2014年12月第1次印刷
印　　数　1-1,500
定　　价　98.00元

010-65253954(咨询)　010-65251033(购书)　010-65250075(印装质量)

〔总序〕

现代方言民俗文化是中华民族文化的延续、依托。它作为传统文化渗透、蔓延于当今社会生活的多个层面。现代方言民俗文化又是重要的非物质文化遗产资源。随着社会的快速发展，不少方言民俗已经消失或面临消失。因此，调查和挖掘这些非物质文化遗产资源，意义重大，时不我待。

“中国方言民俗图典系列”（第一辑）是2010年度国家出版基金资助项目，2011年列入“十二五”国家重点图书出版规划。第一辑共计十卷，涉及官话、晋语、吴语、徽语、粤语、平话、闽语、客家话等八个方言区。各卷内容主要包括房舍建筑、日常用具、服饰穿戴、饮食起居、农工百艺、婚育丧葬、岁时节令、游戏娱乐、宗教信仰等。

“百里不同风，千里不同俗，户异政，人殊服。”（《汉书·王吉传》）方言民俗是地域文化的重要内容，具有明显的地方性。以民居文化为例，各地多有不同，如北京的四合院，平遥的窑儿、四合头院、二（三）进院，汤溪的屋、老屋，梅州的围龙屋、碉楼，揭阳的四点金、下山虎。“中国方言民俗图典系列”融合现代方言与各地民俗文化，采用方言词语加注国际音标并配以图片的方法，反映和保存现代方言与其所承载的地方民风与民俗，是方言研究与民俗文化研究相结合的有益尝试。

城镇化的发展，势必带来传统村落的消亡，以及与此伴随的民俗文化的消失。“中国方言民俗图典系列”（第一辑）的出版，正是对濒临消失的“一种传统”“一种民族符号”以至“一种语音”的有效保存，无疑具有重要的历史意义与人文价值。以下略举数例：

在《平遥方言民俗图典》中收有“墙围子”“炕围子”两个条目及相关的文字说明和图片。

墙围子 [tɕyə^{13}uei^{31}tsʌʔ^{13}]　房间内墙壁上用油漆制作的装饰性彩色围墙。制作方法是，先以麻纸贴墙，绘画打底，再刷以油漆。其位置在第十八层墙砖之上，高约50厘米。（当地称作“十八层缠腰”）边框多以回纹组成，寓意“富贵不断头”。所绘内容多为山川景致、花卉人物及神话传说，如二十四孝图等。内涵丰富，寓意深厚。

炕围子 [kʰuə^{35}uei^{53}tsʌʔ^{31}]　沿炕用油漆制作的彩色围墙图画，既美观且实用，极具装饰性。制作方法及所绘内容与“墙围子”同。

“墙围子”“炕围子”又称作“民间墙围画”。墙围画始于宋代，发展于明清之交，至今流传于山西、陕西、内蒙古等地区。晋北原平县的墙围画素负盛名，中国美术馆曾予以收藏、展出。

从《平遥方言民俗图典》收录的条目与图片中还可看到平遥保存的以“卐”为标识的吉祥文化。如正月初八祭星蜡烛摆成的“卐”字、出殡时曾孙包头上的“卐”字等。“卐”，音wàn，梵文，意为吉祥万德之所集。（见《辞源》《辞海》）“卐”崇拜现象作为传统地域文化的缩影在今平遥随处可见。（冯良珍、陈晨《平遥民俗中的卐崇拜现象探析》，《中原文化研究》2014–2）

《汤溪方言民俗图典》有关于“五道太婆”的记载：“在笔者的家族中，也流传着一个‘五道太婆’[ŋ^{11}də^{11}tʰɑ^{24}bɤ^{0}]的传说，相传她是蛇精所化的神，擅搬运之术。”山西平遥方言有“五道爷”[uʌʔ^{53}tɔ^{35}iɛ^{13}]、“五道娘”[uʌʔ^{53}tɔ^{35}n̡iɑ^{13}]（传说中的神灵）。北京有五道庙，在西城区铁树斜街与樱桃斜街之间的路口处。五道神早在汉魏典籍中就有记载，唐宋以后对该神的信仰已深入民间，到明清时则更为普遍。（薛文礼、郭永平《晋北部落村的五道神：民间信仰的“冷热”反思》，《民族文学研究》2011–3）各地方言民俗有关五道神的不同说法，是宗教文化的历史积淀在不同地域文化中的显现。

“中国方言民俗图典系列”（第一辑）各卷的作者对当地方言文化素有研究，为做好本项目，于紧张的教学之余，多次下去进行调查、拍摄图片，几易其稿，备尝辛苦。限于篇幅，每卷只能选用一定数量的条目及相应的照片，其余只好割爱。我们期待这套书的出版，能引起社会对保存方言及方言民俗文化的关注，尽可能为后人留下一些珍贵的历史文化资料。

侯精一　李守业　曹志耘

于2014年初春

目录

引言 004

一 北京概况 004

二 北京方言民俗特点 005

壹／房舍建筑 008

一 住宅 010

二 其他建筑 036

贰／日常用具 052

一 饮食用具 054

二 家具 062

三 起居用具 068

四 交通工具 078

叁／服饰穿戴 080

一 衣裤 082

二 鞋帽 085

三 饰品 089

肆／饮食起居 094

一 主食 096

二 小吃 098

三 菜肴 113

四 起居 115

伍／农工百艺 118

一 农事农具 120

二 手工艺 127

三 商业 139

陆／人生仪礼 158

一 婚事 160

二 生育 170

三 祝寿 173

柒／岁时节令 178

一 春节 180

二 元宵节 199

三 清明节 202

四 中秋节 205

五 其他节日 208

捌／游戏娱乐 212

一 游戏 214

二 娱乐 220

三 戏曲文艺 230

玖／宗教信仰 234

一 宗教 236

二 民间信仰 245

北京方言音系 254

参考文献 257

索引 258

后记 275

〔引 言〕

北京，中华人民共和国首都，中国的政治、文化、科教和国际交往中心，下辖 16 个区县，是一座有着三千余年建城史、八百余年建都史的历史文化名城。

一 北京概况

西周初年，周武王封尧之后人于蓟（今北京西南）。后燕国灭蓟国，迁都于蓟，称燕都或燕京。自元代起，北京开始成为全中国的国都。1949 年 1 月 31 日，北京（当时称北平）和平解放。1949 年 9 月 27 日中国人民政治协商会议第一届全体会议通过《关于中华人民共和国国都、纪年、国歌、国旗的决议》，确认北京为新中国首都。1956—1958 年，河北省的昌平、良乡、房山、大兴、通县、顺义、平谷、密云、怀柔、延庆等先后划归北京市。2010 年，崇文区和宣武区分别并入东城区和西城区，形成了目前 16 个区县的行政区划格局。

北京地处华北平原东北部，北靠燕山，西倚太行，东南与天津相邻，并为河北省所环绕。地势整体上呈现西北高、东南低的格局。市内主要河流有永定河、潮白河、北运河、拒马河等。北京四季分明，属于典型的温带大陆季风气候，夏季高温多雨，冬季寒冷干燥，春秋时间短。

2013 年末北京市常住人口 2114.8 万，其中，常住外来人口 802.7 万，常住户籍人口 1312.1 万，常住人口密度为每平方公里 1289 人。北京市超过九成以上的人口为汉族，满族、蒙古族、回族人口也较多。北京地区有宗教信仰的居民信奉的宗教主要包括佛教、道教、伊斯兰教、天主教、基督教。

二　北京方言民俗特点

（一）地域差异明显

北京地域面积广，从城市形态上看包括城区、城郊、乡村三类地区，且由于经历过多次行政区划的改变，因此其方言民俗存在较为明显的地域差异。

在明清两代，北京城仅包括今天二环路以里的地区，分内城和外城两部分。直到民国，此格局也未有太大变化。北京城内和城外人民的生产生活方式差异非常大。例如，城内大户人家门前的上马石（大门外两侧摆放的供人踩着坐到马背上用的台阶式石块）和商业老字号“瑞蚨祥”绸布店等就不会出现在城外地区；而农耕活动以及碾子、纺车、犁等用具在城内则较为少见。

由于旧时北京城内外在经济、政治、社会、人文等各方面差异都非常大，所以城内外人们相互之间的心理认同感不强，城外地区不被视为北京城的一部分。因此，虽然城内外的方言民俗事项有着千丝万缕的联系，但还是伴随着社会主体在地理和心理上的分离而成为两种不同的类型。

从方言的角度来看，今天北京市内部也存在着区域差异，具体体现在方言区片的划分上。依据《中国语言地图集》，北京地区的方言主要包括北京官话和冀鲁官话，后者只分布在平谷区（原属河北省）。而北京官话内部又可分为京师、怀承两个方言片，其地理分布是：

（1）京师片，分布范围较广，主要分布在主城区、近郊区和部分远郊区，包括东城区、西城区、海淀区、朝阳区、石景山区、昌平区、通州区、顺义区、丰台区、大兴区、房山区、门头沟区；

（2）怀承片，主要分布在北部的几个远郊区县，包括怀柔区、密云县、延庆县。

（二）层次复杂

北京历来人口流动频繁，与其他一些城市或农村相比其方言民俗文化的层次性更为明显，划分标准也更为多元化。可以从以下不同角度进行观察：

1. 社会阶层

社会上层人士与底层民众的生活方式差异会明显体现在方言民俗文化中，比如旧时庭院大门的款式按照主人身份地位的高低可分为广亮大门、金柱大门、蛮子门、如意门和普通的墙垣式门。其中广亮大门、金柱大门为身份地位较高者才能使用，有门楼、门洞、门前台阶以及门上的各色装饰物。蛮子门和如意门的样式明显要比广亮大门和金柱大门简朴，一般没有门洞和台阶，说明主人的身份地位要低一些。而普通墙垣式门就是在院墙上直接开门并配以少量装饰物或者无装饰，只用于社会底层的普通老百姓家庭。此外，大门门楣上的柱形装饰物“户对”也有体现主人身份地位的作用。户对一般有四个和两个之分，四个户对说明主人地位更高，一般有四个户对的人家不与只有两个户对的人家结亲。

2.城市功能

北京作为全中国首都的时间超过800年（始于元代），而作为军事重镇、边防要塞的历史则更久（早在秦汉时期），于是北京便长期具有多元化的城市功能，既是政治文化中心同时也是军事中心。因此在很多方言民俗文化现象中都能看到京师文化和军旅文化的自然融合。例如，北京内城的北门有两个，分别是德胜门和安定门，对此二门的命名就源自与北方军事势力的长期战争。军队在每次出征前都会在城内集结而后从德胜门出城，战争结束后必定从安定门返城。此外，从今天保留的德胜门箭楼可以看出，北京各大城门的城楼与其他城市相比更加雄伟壮观，同时又非常实用。究其原因，一是可以展现首都的宏伟大气，二是由于在历史上多遭战乱，也的确需要坚固的城防抵御外敌。

3.民族成分

北京长期由少数民族政权统治，因此回、满等民族的文化在本地区得到了很好的发展，并逐渐和汉族文化融合在一起。其中最典型的就是具有回族特色的饮食和具有满族风格的服饰。例如，回族同胞对丰富北京的饮食文化尤其是小吃做出了很大的贡献，驴打滚、切糕、焦圈、姜丝儿排叉儿、艾窝窝、糖卷果、面茶等都是老北京人日常生活中不可缺少的；而满族同胞的很多食品和服饰也已被汉族和其他民族所接受，例如“萨其马”就已经成为全国各地老少皆宜的甜点，而旗袍则更是深受人们喜爱，甚至已踏出国门走向海外。

4.宗教信仰

中国历来是一个多宗教的国家，在中华民族历史上的多数时期，统治阶级都未对宗教进行太多限制，甚至在满足自身利益的情况下还会鼓励其发展，且无论支持哪一教派，都不会采取极端手段对待其他教派。于是各宗教得以在共生中不断进行自我改造，以适应社会的发展要求。自唐代起，儒、释、道三教开始出现合一的趋势，在明朝时期得到了深入发展，最终形成了今天儒、释、道共同繁荣的局面，宗教文化在这一过程中也逐渐渗透到人民大众的生活中。这种现象在北京表现得更为明显，孔庙（儒）、雍和宫（释）、白云观（道）并立繁荣就是三教共生的最好例证。

5.移民

人口的大规模流动极易造成文化与方言的接触与融合。北京为兵家必争之地，历经多次战乱，数为空城，以至于目前在北京祖上三代全为本地人的家庭非常少，人口来源异常复杂。此特点在北京方言中也有所体现，比如根据对《汉语方言地图集》语音数据库中常用字读音的统计，北京话古清入字今归调情况非常复杂，全清入今49%读阴平、22%读上声、22%读阳平、7%读去声，次清入58%读阴平、24%读去声、18%读上声，这种杂乱的情况很有可能是外来方言对当地方言的冲击造成的。在民俗文化方面能够发现更多由于移民所导致的不同层次，比如北京菜系主要是以北方菜为基础融合各地风味后形成的，其中山东菜和清真菜占有非常大的比例。京酱肉丝和宫保鸡丁两道菜品就是从山东菜发展而来，而北京名吃“东来顺”涮羊肉则属于典型的清真菜。

壹·房舍建筑

图1－1 鼓楼地区的老北京民居

首都北京，既是全国的政治、文化中心，同时也是普通老百姓的家园。除了故宫、长城、天坛、颐和园等名胜古迹之外，四合院儿、小胡同儿、大牌坊、老城门，这些也都记录着老北京的风雨沧桑，承载并体现着北京城的悠久历史文化。穿过胡同儿，走进四合院儿，站在城门下，人们才能真正体味到北京的格调，并深深地为这座古城所吸引。

一　住宅

四合院儿 [sɿ^{51}xɤ^{35}yer^{51}]

说起老北京的民宅，最具代表性的自然是“四合院儿”，它是由东南西北四面房屋和墙垣合围而成的四方院落，通常一院一户，也有人称之为“四合房儿”。四合院儿这种住宅形式在华北地区普遍存在，但论及设计结构巧妙、建筑工艺考究、文化底蕴深厚，则首推京城。《日下旧闻考》中引元人诗云：“云开阊阖三千丈，雾暗楼台百万家。”这“百万家”的住宅，便是如今所说的北京四合院儿。不过现如今在北京城内保存完好的四合院儿已不多，绝大多数已在城市改造过程中被拆除，幸存的也大都成为住户混杂、面目全非的“大杂院儿”，除了部分院墙以外，再看不出旧时的风貌。

经典的四合院儿坐北朝南且南北略长，由三进院落组成，临街第一进为外院，是待客场所和男仆人的活动区域，中间第二进供主人起居用，后院第三进一般是女眷和女仆人的生活场所。简单一些的四合院儿只有前面两进或中间一进院子，而更复杂一些的四合院儿在两侧还有院子。

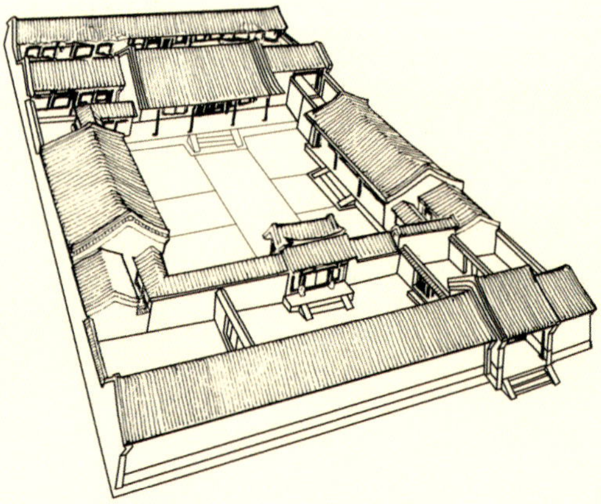

图1－2 四合院儿示意图

图1－3 王府大门

宅门 [tʂai^{35}mən^{35}]

门在中国的住宅文化里具有非常重要的代表意义，往往是一个家族地位的象征，自古以来人们对大门极为重视，对大门的等级也分得很严。四合院儿作为住宅，其规模和风格的不同能够反映出主人身份和地位的差异，而这种不同首先就表现在院门上。院门也叫“宅门”，有时也用“门楼”来指称，大户人家的院门就是大宅门。一般情况下，坐北朝南的院子在东南角开门，正所谓“大门看东南，造宅实不难”。这也符合在八卦的乾位开门这一风水要求，即大门建在四合院儿东南角是吉利的。而坐南朝北的院子则在西北角开门。

自“王府大门”以下有几种不同档次的院门，包括“广亮大门”“金柱大门”“蛮子门”“如意门”等。这些门都采取了因房建门的方式，门本身就是房。至于所占空间大小，王府大门多占三间或五间房的面积，而其他几种大门均只占一间房的面积。

图1－4 广亮大门

广亮大门 [kuaŋ^{21}liaŋ^{53}ta^{51}mən^{35}]

“广亮大门”简称“广亮门儿”，其级别仅次于王府大门，一般用于官宦之家。广亮大门门楼高，进深宽（至少占一间房的面积），整体风格大气醒目。门扇开在中柱上，将门道平均分为前后两部分。大门前檐下有“雀替”和“三幅云”，它们在古代有标志官品的作用。

金柱大门 [tɕin^{55}tʂu^{53}ta^{51}mən^{35}]

“金柱大门”比广亮大门级别略低，但结构类似，主要不同在于门扇不是开在中柱上，而是向前移开在中柱与前檐柱之间的金柱上。把门扇前移后，门内外的面积就不同了，前部略小，因此看起来不如广亮大门气派。

图1－5 金柱大门

图1－6 蛮子门

蛮子门 [man^{35}tsɿ^{0}mən^{35}]

“蛮子门”是在前两种大门的基础上，把门扇继续前移，直接开在前檐柱上，门扇前没有多余的空间。蛮子门多被富商大户等有钱但没有地位的人家所用。

如意门 [zu^{35}i^{51}mən^{35}]

“如意门”是北京四合院儿最常见的一种房屋式宅门。和蛮子门一样，它的门扇也是开在前檐柱上。不同之处在于，虽然如意门也占一间房的面积，但是门扇较小。具体制法是在两前檐柱之间砌墙，墙中留洞放置门框。之所以称为如意门，是因为门框左右上角各有砖制构件，形似“如意”。另外，如意门的门簪多为两个，上刻“如意”“平安”或“吉祥”等字，一簪一字。

图1－7 如意门

图1－8 砖雕（1）

图1－9 砖雕（2）

砖雕 [tʂuan^{55}tiɑu^{55}]

大门是整个建筑的脸面，因此就成为重点装饰的部位，大门装饰的主要方式为在门道两侧墙上进行雕刻，即“砖雕”。广亮大门、金柱大门由于封建制度的限制，一般不加过多的雕饰，因此砖雕比较多的是蛮子门和如意门。尤其是如意门，门道两侧墙上布满砖雕是其重要标志之一。原因在于，封建社会商人的社会地位较低，只能选择等级不高的如意门，家产殷实的商人为了弥补社会地位的低下，也为了炫耀财富，往往把大门雕饰得非常华丽。

另外，一般只有在如意门上才会有门联，这反映了普通老百姓对幸福安定生活的渴望，以及对子孙后代的希冀。

户对 [xu^{53}tuei^{51}]

“户对”即门簪，就是大门门楣上的柱形突出物。广亮、金柱、蛮子三种门的户对的数量可以是四个，如意门则只能是两个。数量不同代表主人的身份地位不同。俗话说，结婚要讲究门当户对，意思是男女双方的家庭背景、经济实力等各方面条件必须得般配，其中所说的“户对”就来源于此。

图1－10 户对

随墙门儿 [suei^{35}tɕ^{h}iaŋ^{35}mər^{35}]

一些四合院儿由于没有临街的第一进房屋，因此只能在墙上开门，这种门称为“随墙门儿”。此类门结构相对简单，少数带小门楼。

图1－11 随墙门儿

图1－12 抱鼓形门墩儿

图1－13 箱形门墩儿

门墩儿 [mən³⁵tuər⁵⁵]

“门墩儿”又称“门枕石”“抱鼓石”，是中国传统民居特别是四合院儿宅门的重要组成部件，主要用于将门框和门扇放置其上，以保持大门的平衡和稳固。

其实通常人们所说的门墩儿主要是指门扇以外较高的部分，这部分主要用作装饰，有抱鼓形（圆形）与箱形（方形）之分，其上多雕刻有吉祥图案。其中狮子是最常见的，取“世”字的谐音，寓意世世平安，也有以猛兽看家护院震慑妖孽的意思。蝙蝠（福）、鹿（禄）、桃（寿）、喜鹊（喜）、羊（三阳开泰）等形式也较多见，都是用音义相关的方法来表达人们的美好祝愿。此外，依据门墩儿的大小、样式、图案等还可以区分出一户人家的身份地位。据说，文官家只能用箱形门墩儿，武官家必须用抱鼓形门墩儿。

真正让门墩儿发挥门枕石作用的是门扇以下和以里的部分。此处上有横槽，用于卡住门框，横槽之后还有一个“海窝儿”（“海”就是大），用来插入门轴。整个门墩儿是用同一块石料制成的整体。

影壁 [iŋ²¹pɛ⁰]

“影壁”又叫“照壁”，古称“萧墙”，是建筑中用来遮挡视线用的墙壁。四合院儿的影壁按照位置可以分为门内（内影壁）和门外（外影壁）两种。

内影壁又分独立式和跨山式两种。所谓独立式是指影壁与四合院儿厢房的山墙不靠在一起，独立成墙；而跨山式则是在厢房山墙上再镶砌一层墙面，山墙与影壁连为一体。

外影壁按照样式可分为一字式和八字式。一字式就是简单的一面墙，而八字式则分三段，两侧的与中间的有一定的角度。

此外，影壁还被人们赋予了避邪驱妖的作用，尤其是内影壁。据说鬼行走时只能走直线，因此会被影壁挡住。另有一说，鬼在影壁上看见自己的影子后会被吓跑。

图1－14 跨山式内影壁

图1－15 八字式外影壁

图1－16 一字式外影壁

图1－17 上马石

图1－18 有雕刻的上马石

上马石 [ʂɑŋ^{51}ma^{21}ʂʅ^{35}]

马曾经是旧时人们的主要代步工具，男女老少皆可骑坐。清朝时甚至规定，满族官员出门，无论文武，均需乘马，以示不忘先祖遗风。可是马匹高大，没有经过训练的人上下马并不容易，因此许多四合院儿门前都会设有“上马石”，踩着它上马和下马就容易多了。上马石有阶梯形的，也有方形的，成对设置，分列于大门左右。一块供出行时登高上马用，另一块供归来时下马用，但都叫上马石。因为“下马”的说法不吉利，说了犯忌讳。住宅门前有没有上马石也是主人身份等级的一个划分标准。

图1－19 压马石

压马石 [ia^{55}ma^{21}ʂʅ^{35}]

“压马石”用于在主人离开后拴住马，因为很重，所以马无法自行逃脱。

倒座儿 [tɑu^{53}tsuor^{51}]

四合院儿内临街的第一排房屋叫“倒座儿”，不算大门一般是四间房，通常用作客房、普通会客室（不方便请入内宅的男宾客就在此接待）和男下人的住处。所谓倒座儿，是说此排房屋与四合院儿整体的方向相反，如果四合院儿是坐北朝南的话，倒座儿就是坐南朝北，开门方向冲着院内，此时的倒座儿又叫“南房”。倒座儿临街的后檐墙一般是不开窗户的。

图1－20 倒座儿（图中左侧的房屋）

垂花门 [tʂʰuei³⁵xua⁵⁵mən³⁵]

四合院儿的一大特色在于院中有院。倒座儿房位于前院，而四合院儿的核心区域是内宅。内宅是主人一家生活起居的地方，外人一般不得随便出入，即使是自家的男仆也不例外。可以说，内宅与前院是一墙之隔，别有洞天。

分隔内宅与前院的是“垂花门”。垂花门俗称“二门”，即俗语“大门不出，二门不迈”中的“二门”。垂花门虽然排行第二，但由于它是主人居住的内宅大门，且又与正房一起位于中轴线上，因此是四合院儿内造型最华丽、工艺最考究的一处。

垂花门是北京四合院儿中装饰的重点，它的突出特点是在正面有两根悬在空中不落地的前檐柱，叫作“垂莲柱”，此柱占天不占地。垂莲柱下的垂头常雕成各种形状，有莲花、花草、石榴头等。方形垂头上常在五个面雕有花草图案，其中以风摆柳最为常见，而以垂莲形最为正规，这也是“垂花门”名称的由来。

有人说四合院儿中的垂花门是中国建筑精华的集中体现，因为构成中国建筑的各种要素它几乎全都具备。屋顶、台基、梁枋、柱、雀替、门簪等应有尽有，砖雕、石刻、木雕、彩画一应俱全。

图1－21 垂花门

图1－22 方形垂莲柱

屏门 [p^{h}iŋ^{35}mən^{35}]

垂花门后通常会设屏门或木影壁。屏门一般比较轻巧，容易拆卸，与影壁一样具有遮挡的作用，一般放在既可以通行又需要遮挡视线的地方。垂花门后的屏门，除非在重大节日或贵客登门，平时通常不开。客人进入垂花门，都是右转进入院内。如今保留屏门的四合院儿已经很少了。

图1－23 垂花门后的屏门

图1－24 垂花门后的木影壁

图1－25 木影壁（从内宅向外看）

图1－26 从内院看屏门

垂花门从外向内看，色彩鲜艳、富丽堂皇；从内向外看，由于增加了屏门或影壁，看起来像是一座完整的方型小屋，显得典雅质朴、浑然一体，据说过去唱堂会时，垂花门还能派上用场。

图1－27 葡萄架子

天棚 [t^{h}iɛn^{55}p^{h}əŋ^{35}]

老北京流传着一句俗语：“天棚鱼缸石榴树，先生肥狗胖丫头。”这就是对四合院儿日常状态的生动写照。老北京有钱人家一到农历立夏前后，便在院中搭起芦席天棚以遮挡烈日暴晒。也有人家在院中搭葡萄架子。

金鱼缸 [tɕin^{55}y^{35}kaŋ^{55}]

大户人家会在庭院中放置一口大鱼缸，里面养着不同品种的金鱼。据说养金鱼能旺财。人们在四合院儿内种植石榴树，夏季赏花秋季摘果，俗话说“榴开百子”，更增添了吉祥喜庆的寓意。

图1－28 金鱼缸（1）

图1－29 金鱼缸（2）

正房 [tʂəŋ51 faŋ35]

进入内宅大院后，正对着垂花门的一进房屋便是“正房”。正房也称“上房”或“北房”（坐北朝南的四合院儿），它是整个四合院儿的主房。正房的间数一般是三开间，据说是因为明朝规定庶民造屋不得超三间，但后来随着此项制度的逐渐放松，五间的也多了起来，不过七间的极其少见。总之，四合院儿正房的间数必须是单数，双数反而不吉利。过去有个顺口溜，是这样形容四合院儿格局的：“上房三间，东西厢房。椅子两把，八仙一张。门前种柳，后院种桑。”

图1－30 正房（未含两侧耳房）

图1－31 明间儿（中间的）

明间儿[miŋ^{35}tɕiɐr^{55}] / 次间儿[ts^{h}ɿ^{51}tɕiɐr^{55}]

正房中用于起居的房间叫“明间儿”，也叫“堂屋”“外间儿”；当作卧室的房间叫“次间儿”，或叫“暗间儿”“里间儿”。正房的格局有两明一暗的，其中起居室是两间，卧室一间；也有一明两暗的，两侧的房间为卧室，当中的一间是起居室。

图1－32 明间儿（西边的）

图1－33 次间儿

支摘窗 [tʂʅ^{55}tʂɛ^{0}tʂ^{h}uaŋ^{55}]

“支摘窗”又叫“和合窗”，此窗上部可以支起，下部做成直立式，拔掉木插销可将窗摘下。窗内又有一层，上下均固定，但上部可依季节不同糊上纱或纸（以前一般每年糊两次窗户纸和纱窗），下部安装玻璃采光。这种形式的窗，一般做成长方形。至于外层下部不做成和合式的原因是此窗高度一般与普通人差不多高，如果做成和合窗会妨碍外面人行走。

图1－34 支摘窗

门帘子 [mən^{35}liɛn^{35}tsʅ^{0}]

通常冬天会在房门外挂上棉门帘，用于挡风保暖。有绕口令说：“出南门，奔正南，有个面铺面冲南。面铺门口儿挂着个蓝布棉门帘，摘了蓝布棉门帘，瞧了瞧，面铺还是面冲南。挂上蓝布棉门帘，瞧了瞧，面铺还是面冲南。”

耳房 [ɚ^{21}faŋ^{35}]

四合院儿正房两侧通常各有一间“耳房”。与正房相比，耳房进深小，比较矮，如果正房如同人的脸，那么耳房就像是两只耳朵。耳房通常用于存放物品，有时也可以当卧室使用，一般只与正房相通，不冲外开门。小型四合院儿的正房大都使用三正两耳的规格。

图1－35 面向正房右侧的耳房

图1－36 面向正房左侧的耳房

图1－37 厢房

厢房 [ɕiaŋ^{55}faŋ^{35}]

在内宅大院中，正房前面左右两侧分列东西厢房，坐东朝西的是东厢房，简称“东厢”，坐西朝东的是西厢房，简称“西厢”。厢房两侧也可以有耳房，但不太普遍。厢房通常用于晚辈居住，因此在建筑规格上要低于正房。在有的四合院儿中，西厢房又比东厢房规格更低一些，原因是中国自古以来以左为上。因此，如果一家中有多个子女，一般都是长子住东厢，次子住西厢。当然，这是在四合院儿坐北朝南的情况下说的。除了朝向与格局之外，正房与厢房的建筑方式大致相同，房顶、瓦垄儿、山墙、屋脊等主体部位也都比较类似。

图1－38 瓦垄儿

瓦垄儿 [ua^{35}lũr^{214}]

瓦房屋顶上排成一列列的瓦的总称。

山墙 [ʂan^{55}tɕ^{h}iaŋ^{35}]

“山墙”是房屋左右两端与后墙垂直的墙体，多为承重墙，一般房屋的主梁都搭在山墙上。

图1－39 山墙

图1－40 山墙顶部的通风口儿

图1－41 山墙底部的通风口儿

通风口儿 [tʰuŋ^{55}fəŋ^{55}kʰour^{214}]

以前很少有楼房，大多是平房，对平房来说，良好的通风非常重要，没有通风口儿的房屋，木结构因地面潮湿容易发霉，导致损毁。

图1－42 瓦片儿

瓦片儿 [ua^{21}pʰiɐr^{51}]

“瓦片儿”就是屋瓦。在北京管那些靠出租房屋收取租金为生的人叫“吃瓦片儿的”，而管租房子住的人叫“串房檐儿的”。

五脊六兽 [u^{21}tɕi^{35}liou^{53}ʂou^{51}]

五脊，指房屋的正脊（也叫大脊）和四条垂脊，其中最顶上的水平方向的脊为正脊。正脊两端有龙吻，又叫“鸱吻”“吞兽”。四条垂脊排列着五个蹲兽。统称“五脊六兽”。古建筑大多为木质结构，用兽镇脊，能够避火消灾。但一般老百姓家的房顶是不能采取这种制式的。

图1－43 垂脊和六兽（1）

图1－44 垂脊和六兽（2）

图1－45 鸱吻

露地 [$lu^{53}ti^{51}$]

厢房与正房旁边的耳房之间会有一小块空地，算是一个独立的小院，称作“露地”。此处可以养花种树，也可以设桌品酒，还可以摆放杂物，就看主人如何利用了。

图1－46 露地（1）

图1－47 露地（2）

图1－48 廊子

廊子 [laŋ^{35}tsɿ^{0}]

比较讲究的四合院儿一般都有“廊子”。廊子的做工精致轻巧，上有“倒挂楣子”，下设坐凳和栏杆。廊子不仅可以用来遮挡日晒雨淋，还能够供人闲坐休憩，欣赏院内景色，为四合院儿平添许多情趣。廊子可以建在房屋前檐下，也可以是独立的通道。连接正房、厢房并可以拐弯一直通到垂花门的是“抄手游廊”。

图1－49 后罩房

后罩房 [xou^{53}tʂau^{51}faŋ^{35}]

“后罩房”是四合院儿里的最后一进房屋，朝向与正房一致，横跨整个院子，房间数量在各排房屋里通常是最多的。后罩房位于整个院子最深处，一般是女儿、女佣人居住的地方，是庭院深深的“深闺”。

群房 [tɕ^{h}yn^{35}faŋ^{35}]

有的较大一些的四合院儿还在院子一侧或两侧建有与中轴线平行纵贯整个院子的一排房子，叫“群房”，又写作“裙房”。坐北朝南的四合院儿一般会把厨房建在东侧群房，如果没有群房则建在东厢房，符合“东厨司命”的说法。所谓东厨司命，是指灶神的全称“东厨司命灶王府君定福神君”。

图1－50 群房

图1－51 透过月门儿看群房

月门儿 [yɛ^{51}mər^{35}]

“月门儿”又叫“月亮门儿”，常建在内宅与群房或后罩房的相连处。此门造型别致，为院子平添了几分雅致。

图1－52 月门儿

图1－53 远观月门儿

图1－54 石敢当（1）

图1－55 石敢当（2）

石敢当 [ʂʅ^{35}kan^{21}taŋ^{55}]

在房屋墙壁上砌一个小石碑（或小石人），上刻“石敢当”或“泰山石敢当”等字样，据说能压住不祥之事。石敢当可以根据不同的需要摆放在不同的位置，具体可分为三类：

1. 放在房屋外角，此处的石敢当有保护墙角的作用，避免因碰撞导致墙壁损坏。
2. 如果用泰山石敢当来镇宅，可以把泰山石敢当摆放于客厅、书房或者卧室。
3. 如果用泰山石敢当来挡煞，可以摆放于面向煞气的方向。

还有种说法认为石敢当是一种从远古流传下来的男性生殖器崇拜。

茅房 [mau^{35}faŋ^{35}]

“茅房”即厕所。坐北朝南的四合院儿一般把茅房建于院子的西南角，就是八卦坤卦的卦位。一种说法是，因为坤代表地，所以把粪肥积于大地之中，以求农业好收成。也有把厕所建于西侧群房或跨院里的，据说是为了用秽物压住西方主凶的白虎星。总之，茅房都是位于院子中非常不显眼之处。民间常说

图1－56 公厕

“肥水不流外人田”，人们平时都把污水直接倒入厕所，而不是倒在院子外面。

北京于1965年秋天，在宣武区（今西城区）开始将各院子里的茅房取消，统一在胡同里建公厕，这是当时一件非常大的改善民生的举措。旧时也有公厕，叫“官茅房”，那时只有男厕所，没有女厕所。

沟眼儿 [kou^{55}iɐr^{214}]

“沟眼儿”就是排水口。

图1－57 沟眼儿（1）

图1－58 沟眼儿（2）

大杂院儿 [ta^{51}tsa^{35}yɐr^{51}]

北京城历来人口众多，流动性很大，加之近些年来随着城市的发展变化，许多四合院儿被改造或被破坏进而变成了大杂院儿。

图1－59 大杂院儿（1）

图1－60 大杂院儿（2）

图1－61 排子房

图1－62 山坡上的村庄

排子房 [$p^{h}ai^{35}tsɿ^{0}fɑŋ^{35}$]

“排子房”就是改为长期居住用的工地用房。

村儿 [$ts^{h}uər^{55}$]

旧时北京城郊和农村地区有很多村子，那里的民宅也有一些采取了比较规整的四合院儿格局，但这都是那些经济条件较好的人家所采用的，贫苦人家则只能住在简陋的院子里。

农村地区正规一些的四合院儿院门也多为如意门加上内外影壁的样式，简单一些的则采用随墙门。简单一些的院子并不是由房屋四面围成，而是直接建院墙，这些院墙都比较普通，多为土墙或石头墙。其他的一些诸如柴房等建筑就更加简陋了。

图1－63 农村民宅的如意门

图1－64 石头墙

图1－65 柴房

二　其他建筑

胡同儿 [xu^{35}t^{h}ũr^{51}]

北京的“胡同儿”起源于元代，形成于元、明、清三个朝代，多的时候有数千条。历史最早的是朝阳门内大街和东四之间的一片胡同儿，胡同儿与胡同儿之间的距离大致相同。南北走向的一般为街，相对较宽；东西走向的一般为胡同儿，相对较窄，以走人为主。胡同儿两旁的建筑大多都是四合院儿。大大小小的四合院儿一个挨一个排列起来，它们之间的通道就是胡同儿。胡同儿从外表上看模样都差不多，但其内在特色却各不相同。北京人对胡同儿有着特殊感情，将其视作北京文化的一个重要代表，难怪经常有人说“来北京要是不到胡同儿里转转，那不算是真正来北京”。

图1－66 胡同儿（1）

图1－67 胡同儿（2）

胡同儿与四合院儿的搭配，体现出北京城固有的一种军事文化特征。胡同儿横平竖直，左右对称，四合院儿方方正正，错落有致，怎么看都像是军营的布局。汪曾祺曾赞叹：北京城像一块大豆腐，四方四正。城里有大街，有胡同儿。大街、胡同儿都是正南正北，正东正西。北京人的方位意识极强。

北京胡同儿的几个最：

最长的胡同儿：东交民巷。

最短的胡同儿：一尺大街。

最宽的胡同儿：灵境胡同。

最窄的胡同儿：钱市胡同。

拐弯最多的胡同儿：九弯胡同。

最古老的胡同儿：砖塔胡同。

图1－68 胡同儿（3）

南锣鼓巷 [nan^{35}luo^{35}ku^{21}ɕiɑŋ^{51}]

“南锣鼓巷”是北京东城区的一条很古老的街道。南锣鼓巷街道不宽，仍保持着元大都街巷、胡同儿的规划。其南口在地安门东大街，北口在鼓楼大街。它始建于元朝，南北长约1000米，东西各有8条对称的胡同，整齐地排列在两侧，从外形看犹如一条蜈蚣，所以又名“蜈蚣街”。从南至北，东侧的八条胡同儿是：炒豆胡同、板厂胡同、东棉花胡同、北兵马司胡同、秦老胡同、前圆恩寺胡同、后圆恩寺胡同、菊儿胡同。西侧的八条胡同儿是：福祥胡同、蓑衣胡同、雨儿胡同、帽儿胡同、景阳胡同、沙井胡同、黑芝麻胡同、前鼓楼苑胡同。

图1－69 后圆恩寺胡同

菊儿胡同 [tɕy^{35}ɚ^{0}xu^{35}t^{h}uŋ^{51}]

“菊儿胡同”位于东城区西北部，东起交道口南大街，西至南锣鼓巷，南邻后圆恩寺胡同，北与寿比胡同相通。这里每座建筑都有自己的故事。比如，菊儿胡同3号、5号和7号是清光绪大臣荣禄的宅邸，3号是祠堂，5号是住宅，7号是花园。

帽儿胡同 [mɑu^{51}ɚ^{0}xu^{35}t^{h}uŋ^{51}]

“帽儿胡同”东起南锣鼓巷，西至地安门外大街，北与豆角胡同相通，南与东不压桥胡同相通。明代称梓潼庙文昌宫胡同，因有文昌宫而得名。清代因有制帽作坊，改称帽儿胡同。帽儿胡同里有许多名人故居。例如，7号、9号、11号院原为清末大学士文煜的宅园；13号院为冯国璋故居；35、37号院原为清宣统皇后婉容娘家、承恩公府，俗称娘娘府；45号院原为清代提督衙门。

烟袋斜街 [iɛn^{55}tai^{51}ɕiᴇ^{35}tɕiᴇ^{55}]

北京城的胡同儿虽说大多数都是正南正北、正东正西走向的，但也有斜街，“烟袋斜街”便是其中很有特色的一条。

烟袋斜街位于什刹海核心区内，东起地安门大街，西邻什刹海前海，全长近300米，以前也叫“鼓楼斜街”和“打鱼厅斜街”，是北京一条古老的商业街。

据说，当时居住在北城的旗人，大都喜欢抽旱烟或水烟，烟叶装在烟袋中。由于烟袋的需求与日俱增，所以斜街上一户一户开起了烟袋铺。除此之外，烟袋斜街本身就宛如一只烟袋。东头入口像烟袋嘴儿，西头入口折向南边，细长的街道好似烟袋杆儿。

图1－70 烟袋斜街地图

图1－71 烟袋斜街

烟袋斜街并非北京最长的一条斜街，最长的一条北起西直门内大街，南至阜成门内大街的赵登禹路，太平桥大街由此再接下去继续往南一直到复兴门内大街，佟麟阁路再以此往南接到宣武门西大街。这原本是北京城西重要的水道，现已不知其名。

国子监街 [kuo^{35}tsɿ^{21}tɕiɛn^{51}tɕiᴇ^{55}]

“国子监街”位于雍和宫大街与安定门内大街之间，东西走向，是北京仅存的有牌楼的街道。街上有四座牌楼，东西街口各一座，额题“成贤街”，国子监左右各一座，额题“国子监”。国子监街因孔庙和国子监在此而得名，保存着较好的旧京街巷的风貌，而成贤街始终不能作为正式路名，因此大多数人包括北京本地人都还不知道成贤街就是国子监街。

琉璃厂街 [liou^{35}li^{35}tʂ^{h}ɑŋ^{21}tɕiᴇ^{55}]

“琉璃厂街”位于北京和平门外，西起南北柳巷，东至延寿寺街，以经营各种文房四宝而获得文化人的青睐，是北京一条著名的文化街。它起源于清代，当时各地来京参加科举考试的举人大多集中住在这一带，因此在这里有许多出售书籍和笔墨纸砚以及经营古玩字画的店铺，文化氛围浓厚。

图1－72 国子监街

图1－73 琉璃厂街

图1－74 井

井 [tɕiŋ²¹⁴]

“胡同儿”这一名称，据说是来源于蒙古语，就是井的意思。在蒙古语中，水井一词的发音与胡同非常接近。历史上北京吃水主要靠水井，而据说当年每个胡同儿中都有水井，由于种种原因，水井便成为居民区的代称，进而成为街道的代称。

当年水井可是住在胡同儿里的人们的社交场所，人们在井边聊天、玩耍。现在市内的水井基本上绝迹了，只是在郊区还偶尔能看见。

牌楼 [pʰai³⁵lou⁰]

“牌楼”是封建社会为宣扬封建礼教，表彰功勋、科第、德政以及忠孝节义所立的建筑物。另外，有一些宫观寺庙以牌楼作为山门，还有的是用来标明地名的。有些牌楼也是祠堂的附属建筑物，昭示家族先人的高尚美德和丰功伟绩，兼有祭祖的功能。北京作为历史文化名城，所拥有的牌楼数量最多，样式最丰富。

牌楼从形式上主要可分为两类：一类是“冲天式”，也叫“柱出头式”，这类牌楼的间柱是高出明楼楼顶的；另一类是“不出头式”，这类牌楼的最高位置是明楼的正脊。宫苑之内的牌楼，大都是不出头式，而街道上的牌楼则大都是冲天式。

如果再细些，可以根据每座牌楼的间数和楼数多少来分，间数就是看下面有几个门洞，而楼数则是看上面有几个屋檐。无论出头或不出头式，间数都有“一间二柱”“三间四柱”“五间六柱”等形式。而楼数则有一楼、三楼、五楼、七楼、九楼等形式。在北京的牌楼中，最复杂的是“五间六柱十一楼”。

根据材质北京的牌楼可分为木牌楼、石牌楼、琉璃牌楼、水泥牌楼等几种。

第一类是木牌楼。这类牌楼数量最多。

第二类是石牌楼。这类牌楼以景园、街道、陵墓前为多。从结构上看繁简不一，有的极简单，只有一间二柱，无楼；复杂的有五间六柱十一楼。

图1－75 颐和园牌楼（三间四柱三楼冲天式）

图1－76 雍和宫牌楼（三间四柱七楼不出头式）

第三类是琉璃牌楼。这类牌楼多用于佛寺建筑群内，在北京仅有三间四柱七楼的一种。

第四类是水泥牌楼。这类牌楼是近代产物，数量不多。

“西单”这个名称来源于旧时的“西单牌楼”，就是说此地只有一个牌楼。“西四”来源于“西四牌楼”，以前有四个牌楼。“东单”和“东四”的名称来源也是如此。

前门五牌楼并不是五座牌楼，而是一座五间六柱冲天式大牌楼，始建于明，后拆除。前些年又仿建了一座。因为它是皇宫大门外的牌楼，所以规模最大。

成贤街上有四座建于明代、形式相同的牌楼，都是一间二柱三楼垂花柱出头悬山顶式，是北京街道中少见的，现仍然存在，且常修饰维护。外两座上书“成贤街”，内两座上书“国子监”。

图1－77 成贤街牌楼（一间二柱三楼垂花柱出头悬山顶式）

图1－78 东岳庙牌楼（三间四柱七楼不出头琉璃式）

图1－79 前门牌楼（五间六柱五楼冲天式）

图1－80 西单牌楼（三间四柱三楼冲天式）

图1－81 正阳门城楼

城门楼 [tʂʰəŋ³⁵mən³⁵lou³⁵]

“城门楼”就是老北京人对城门的称呼。城门对北京的意义不同凡响。北京以前被称为“四九城”，这个“四九”便是指皇城四个城门、内城九个城门。皇城四门分别是天安门、地安门、东安门、西安门；而内城九门则分别是南城墙上的正阳门、崇文门、宣武门，东城墙上的朝阳门、东直门，西城墙上的阜成门、西直门，北城墙上的安定门、德胜门。

不同的城门名字不同，各自的用途也不同，以内城九门为例：

东直门，旧时北京所需的木材大多由此门运送进城，因此东直门又俗称“木门”。此外运送柴炭和砖瓦的车辆也须走此门，此路也叫作“柴道”。

朝阳门是北京的粮门，多走粮车，经由京杭大运河运来的粮食都要从此门运入城内。瓮城门洞上刻有一枝谷穗。

崇文门别称“哈德门”，“崇文”是崇尚文化的意思，进京赶考的举人都要从崇文门进城。另外，此门专走酒车，城外是酒道。

正阳门因其位于皇城的正前方，所以又称前门。北京城的城门都各有一座庙，而唯独正阳门有两座。前门是皇帝出入之门，平民不能走，只能走两旁的月门。

宣武门，“宣武”是宣扬武威的意思，宣武门多走囚车，死囚从此门押出后，直接拉到门外的菜市口斩首。另外，出殡也走此门，因此宣武门又俗称“死门”。

阜成门为通往京西之门户，因北京西山多煤矿，所以此门多走煤车。瓮城墙壁上刻着一朵梅花。

西直门是除正阳门外规模最大的一个城门，为自玉泉山向皇宫送水的水车必经之

图1－82 正阳门箭楼

图1－83 天安门（原名承天门）

图1－84 德胜门箭楼

门，因此有“水门”之称，瓮城上有一块刻着水纹的石头。

德胜门为军队出发之门，多走兵车，取“得胜”谐音。德胜门也叫“修门”，有品德高尚之门的意思，仁义之师从此门出征必将得胜归来。

安定门，与德胜门相应，军队凯旋时要从安定门入城，以祝愿国家永保安定。安定门也叫“生门”，有丰裕之意，所以皇帝要从此门出去到地坛祈祷丰年。此外，安定门外的粪场较多，所以粪车多从安定门出入。

皇城的天安门、地安门、东安门、西安门是为城里的文武百官进出宫廷用的。

其实，关于北京的城门说得更全些是“内九外七皇城四”，除了皇城和内城，还

图1－85 宛平城城楼

有外城七座城门，分别是：永定门、左安门、右安门、广渠门、广安门、东便门、西便门。

此外，紫禁城的宫城四门为午门、神武门、东华门、西华门。

老北京城原有的内九外七十六座城门从民国时期便开始被拆除，解放初期为了改善道路交通又拆除大部分城门，现今只余正阳门（俗称“前门”）城楼、箭楼，德胜门箭楼，而北京外城原有的城门则无一遗存。

图1－86 元大都土城墙

图 1－87 紫禁城城墙

城墙 [tʂʰəŋ^{35}tɕʰiaŋ^{35}]

与老城门一样，北京城的“城墙”也在近现代的城市大规模建设过程中遭到了极大的破坏。目前保存最完好的是紫禁城城墙。墙高10米，厚6米多，成长方形，南北长961米，东西宽753米，城外还有宽52米的护城河，又名筒子河。

皇城城墙用砖砌成，外涂朱红色，墙顶覆黄琉璃瓦，高6米，厚2米，顶部厚1.73米，现仅存天安门两旁各一段。

内城城墙总长24公里，与外城城墙连在一起构成了北京城的“凸”字形格局。20世纪50至70年代，内外城城墙陆续被拆除，如今只剩几处遗址。

桥 [tɕʰiau^{35}]

北京不是水乡，没有那么多的桥，但旧时北京地区的水系还是比较发达的，因此也具有各种各样极具特色的桥。如天安门城楼前的金水桥，“燕京八景”之一的卢沟桥，和卢沟桥并称为拱卫京师四大桥的马驹桥、朝宗桥、八里桥，什刹海的银锭桥，潭柘寺的界凡桥等。

图1－88 卢沟桥

图1－89 银锭桥

图1－90 界凡桥

图1－91 石板路

图1－92 钟楼

石板路 [ʂʅ^{35}pan^{21}lu^{51}]

用大石板铺成的道路，现在已不多见。

钟鼓楼 [tʂuŋ^{55}ku^{21}lou^{35}]

北京的钟楼和鼓楼是旧时当地最重要的计时建筑，以前普通人家没有计时工具的时候，都是听钟楼鼓楼里的钟声和鼓声才知道时间。敲击钟鼓的方法俗称“紧十八、慢十八、不紧不慢又十八”。

图1－93 钟楼湾

图1－94 鼓楼

钟 [tʂuŋ^{55}]

钟楼二层悬挂的大铜钟重约63吨，是我国现存重量最重、铸造时间最早的。现在的铜刻漏、更鼓、大铜钟等旧时报时用具里，只有大铜钟是唯一真正保留下来的文物。近些年每年除夕半夜十二点，大铜钟都会敲响，给京城百姓送去祝福。

图1－95 钟

亭子 [t^{h}iŋ^{35}tsɿ^{0}]

"亭子"一般设于路边或公园内，可供人们休息。

图1－96 亭子

贰·日常用具

图2-1 八仙桌

日常用具与人们的生产生活息息相关，许多传统的器具能较好地体现出当地的民俗特色。不过随着社会的发展和生产力的提高，尤其是现代化大工业和商业贸易的极大发展，大量极具地方特色的传统用具被迅速淘汰，那些未被淘汰的在外观和功能方面也已经发生了很大改变。

一　饮食用具

提盒儿 [t^{h}i^{35}xɤr^{35}]

“提盒儿”又叫“提食盒”，是用来盛放、携带熟食的大盒子，为便于保温多为木制，尤其会优先选用一些既美观又实用的木料来制作。盒子通常设计成多层，分别放置不同种类的食物。也有很大的提盒儿，只能挑着走。

图2－2 提盒儿（1）

图2－3 提盒儿（2）

点心匣子 [tiɛn^{21}ɕin^{55}ɕia^{35}tsɿ^{0}]

装糖果、点心用的木盒。

图2－4 点心匣子

图2－5 礤子

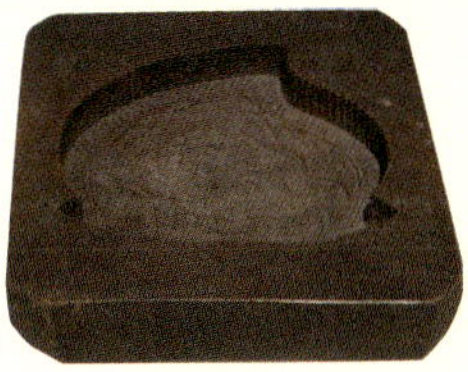

图2－6 糕点模子

图2－7 盐罐儿

礤子 [tsʰa^{21}tsɿ^{0}]

在木板或木架上镶嵌带孔的金属片，用来把瓜果蔬菜等擦削成丝的长方形工具。

模子 [mu^{35}tsɿ^{0}]

把做糕点用的面团放在模子里面压成形，然后就可以制作此种形状的糕点或面食了。

盐罐儿 [iɛn^{35}kuɐr^{51}]

储存盐的罐子，以前多是陶制的，现在多为塑料的。

盖帘儿 [kai^{51}liɐr^{35}]

大多是用高粱秆制作而成，用于摆放各种面食，尤其是在包饺子、包包子时经常用到。

图2－8 盖帘儿

切菜板儿 [tɕʰiᴇ^{55}tsʰai^{51}pɐr^{214}]

“切菜板儿”就是砧板。在厨师这个行业里，砧板甚至用来专门指代切菜这种职务。

图2－9 切菜板儿

擀面杖 [kan^{21}miɛn^{53}tʂɑŋ^{51}]

擀面用的木棍儿，是制作面条、饺子皮儿、馄饨皮儿、面饼等不可缺少的工具。擀面杖没有中空的，所以有歇后语道：“擀面杖吹火——一窍不通。”擀面杖有长有短，有粗有细，一般擀饺子皮儿、馄饨皮儿用较小的擀面杖，而擀面条或烙饼时就得用较粗较长的擀面杖。有的擀面杖两头一样粗，也有一头细一头粗的。

图2－10 擀面杖

图2－11 支炉儿

图2－12 砂鼓子

支炉儿 [tʂʅ^{55}lur^{35}]

烙饼用的炊具，上面有许多小孔，把它扣在炉子上，不用搁油就能很快把饼烤熟。

砂鼓子 [ʂa^{55}ku^{21}tsɿ^{0}]

一种平底圆砂锅，底很厚，用来炖肉。早年人们做饭除了用铁锅外，还经常用砂锅。砂锅耐烧，而且便宜，多用于长时间的煎煮煨炖等。旧时卖砂锅的大都是京西门头沟斋堂一带的人，就地取土烧窑，秋冬之际进城叫卖，正所谓“燕地之人，泥锅做饭斗量柴”。

汽锅子 [tɕ^{h}i^{51}kuo^{55}tsɿ^{0}]

一种涮肉的锅，与火锅有些类似。旧时富人家用得比较多。

图2－13 汽锅子

搪瓷盆儿 [t^{h}ɑŋ^{35}ts^{h}ɿ^{35}p^{h}ər^{35}]

“搪瓷盆儿”是在金属内胎的表面涂了一层瓷釉，可以防止生锈。有的在瓷釉上还绘制出美观的图案，很受老百姓喜爱。

图2－14 搪瓷盆儿（1）

图2－15 搪瓷盆儿（2）

图2－16 碗

图2－17 盘子

图2－18 勺子

碗 [uan²¹⁴]

“碗”有大小不同的种类，一般吃面条时要用大碗，而盛米饭或粥时可用大碗也可用小碗。

盘子 [pʰan³⁵tsɿ⁰]

平底的“盘子”只用来盛放不带汤汁的菜肴。

勺子 [ʂau³⁵tsɿ⁰]

“勺子”有瓷质的，也有金属的，金属勺子有长勺，也有短勺，而瓷勺多为短的。

图2－19 筷笼子

筷笼子 [kʰuai⁵¹luŋ³⁵tsɿ⁰]

盛放筷子的用具。

缸 [kaŋ⁵⁵]

北京以前吃水比较困难，用水都要从胡同儿里的水井挑水，然后保存在家里，因此水缸是家家必备的用品。缸还可以用来盛放粮食。

图2－20 水缸

水瓢 [ʂuei^{21}p^{h}iɑu^{35}]

“水瓢”是取水用具，以前用水缸盛水时，人们都习惯用对半剖开的葫芦做成的水瓢来取水，既方便又卫生。后来逐渐出现了金属做成的水瓢。

图2－21 葫芦水瓢

笊篱 [tʂau^{51}li^{0}]

“笊篱”是在烹饪时，用来捞取食物，把汤、油过滤掉的一种工具，跟漏勺的作用差不多，但比漏勺大，两者用途不同。笊篱主要用于捞饺子、捞面等。

图2－22 笊篱

蒜臼子 [suan^{53}tɕiou^{51}tsɿ^{0}]

“蒜臼子”主要用来捣蒜或把其他食物捣碎，由石臼和石锤构成，使用时用力敲击臼里盛放的东西，直到它变成泥状或粉末。

图2－23 蒜臼子

冰箱 [piŋ^{55}ɕiɑŋ^{55}]

老式木制的“冰箱”可不是一般人家里用得起的，它像一个大型号的米斗，但不同之处在于有底有盖还有底座。冰箱内还可以分层，可以在夏天冰冻不同种类的东西，以饮料为主。

图2－24 旧式冰箱

图2－25 茶具

图2－26 茶壶

茶具 [tʂ^{h}a^{35}tɕy^{51}]

最普通的“茶具”由一个茶壶和几个茶碗组成，有的还有茶盘。

图2－27 茶旋子

茶旋子 [tʂ^{h}a^{35}ɕyɛn^{51}tsɿ^{0}]

可使茶水加热保温的容器。

茶叶筒 [tʂ^{h}a^{35}iᴇ^{0}t^{h}uŋ^{214}]

比较讲究的“茶叶筒”外面都绘有精美雅致的图案，这样才配得上里面盛放的好茶叶。

壶托儿 [xu^{35}t^{h}uor^{55}]

用金属制成，可将很热的壶或锅放在上面以免烫坏桌子。

图2－28 茶叶筒，茶叶罐

图2－29 壶托儿

图2－30 木托儿

图2－31 酒烫子

木托儿 [mu^{51}t^{h}uor^{55}]

可把很热的锅放在上面以免烫坏家具。

酒烫子 [tɕiou^{21}t^{h}ɑŋ^{51}tsɿ^{0}]

用来加热酒的容器。在冬天喝白酒时，人们会把酒放在“酒烫子”中温一下再喝，这样对身体非常有好处。

壶套儿 [xu^{35}t^{h}ɑur^{51}]

套在茶壶外面保温用的棉套，套面上通常绣有各种图案、文字。

图2－32 壶套儿（1）

图2－33 壶套儿（2）

图2－34 烟盒、烟斗、烟袋锅儿等烟具

烟袋锅儿 [iɛn^{55}tai^{51}kuor^{55}]

在今天最常见的香烟出现以前，抽烟还是一项比较复杂的活动。就拿烟具来说，既包括装烟的工具，如烟嘴、烟袋锅儿、烟枪、水烟斗、烟盒、水烟壶等，也包括点火工具，如打火机、点火枪、点烟器等，可谓设备齐全。

图2－35 水烟袋

水烟袋 [ʂuei^{21}iɛn^{55}tai^{51}]

用“水烟袋”吸烟，烟气要先在水中经过过滤后才被吸入，口感会比较好。

烟灰缸儿 [iɛn^{55}xuei^{55}kãr^{55}]

旧时的金属“烟灰缸儿”在今天已基本见不到了。

图2－36 烟灰缸儿

二　家具

炕 [$k^hɑŋ^{51}$]

像北方大多数地区一样，“炕”以前也是北京地区的主要卧具。在四合院儿的正房中，炕通常是挨着山墙南北方向而建，长度有时会占满整间房。随着时代的变化，床慢慢普及了，炕已经不多见了。

图2－37 炕

图2－38 床

地炉儿 [$ti^{51}lur^{35}$]

跟炕相配的用来在冬天取暖的设施是“地炉儿”。有地炉儿的房间在地下有烟道和地炉儿相通，烟道会从炕和需要加热的地面下经过。炉火点燃后烟气顺着烟道走，在排出屋外之前能够加热地面和炕面。有时在炕边台阶上还留有孔洞用来热水。

图2－39 地炉儿

图2－40 炕桌儿

炕桌儿 [$k^han^{51}tsuor^{55}$]

也有叫作炕几或炕案的。“炕桌儿”和普通桌子类似，只是四条腿比较短，能够直接放在炕上或床上供人们吃饭、写字用。

八仙桌儿 [$pa^{55}çiɛn^{55}tsuor^{55}$]

“八仙桌儿”就是桌面宽大、四边长度相等的大方桌，桌子的每个边都可以坐两个人，四周共可围坐八人，所以称八仙桌儿。八仙桌儿在辽金时代就已出现了，明清更加盛行，尤其是清代，八仙桌儿成为很多普通家庭中唯一的大型家具。

图2－41 八仙桌儿

图2－42 抽屉

图2－43 太师椅（1）

图2－44 太师椅（2）

抽屉 [tʂʰou^{55}tʰi^{0}]

八仙桌大多是不带“抽屉”的，但为了盛放东西，也有部分八仙桌在侧面配有一到两个抽屉。

太师椅 [tʰai^{51}ʂʅ^{55}i^{214}]

“太师椅”是唯一用官职来命名的椅子，原来只用于官员之家，是权力和地位的象征。椅子的靠背、扶手与坐面之间互为直角，庄重大气，这些都是为了显示主人的地位。后来也被普通家庭使用。太师椅一般放在较重要的位置，比如客厅，一对太师椅配一张八仙桌儿。

圈儿椅 [tɕʰyer^{55}i^{214}]

“圈儿椅”就是靠背和扶手接连成半圆形的椅子，是中国传统天圆地方宇宙观在家具中的最好体现。

靠背椅 [kʰɑu^{53}pei^{51}i^{214}]

“靠背椅”的最大特点就是有靠背无扶手，椅面一般为方形。

图2－46 靠背椅

图2－45 圈儿椅

图2－47 方几儿（1）

图2－48 方几儿（2）

方几儿 [faŋ^{55}tɕiər^{55}]

“方几儿”体积较小，通常用于摆放奇石、花瓶等。

藤椅 [tʰəŋ^{35}i^{214}]

用粗藤扎成的椅子。

图2－49 藤椅

条案 [tʰiɑu^{35}an^{51}]

“条案”是一种长方形的狭长桌子，长丈余，宽一尺多。条案也是各种长条形几案的总称，如书案、平头案、翘头案等。

图2－50 炕上的条案

条凳 [tʰiɑu^{35}təŋ^{51}]

一种长凳。

图2－51 条凳

小板凳儿 [ɕiɑu^{35}pan^{21}tə̃r^{51}]

用三块木板钉成的简易板凳。

图2－52 小板凳儿

木箱 [mu^{51}ɕiɑŋ^{55}]

在过去缺少衣橱衣柜等大型家具的时候，多数人家都是在“木箱”里存放衣物被褥。女子出嫁时如果有几个雕花的大樟木箱做嫁妆，就算得上是有排场了。

图2－53 木箱

图2－54 打开的木箱

图2－55 雕花樟木箱

大柜 [ta^{53}kuei^{51}]

“大柜”能充分利用空间，占地面积相对小，可以存放更多衣物。有的大柜还分上下多层。大柜顶上还可以放置杂物。

图2－56 大柜（1）

图2－57 大柜（2）

屏风 [p^{h}iŋ^{35}fəŋ^{55}]

屋内的“屏风”主要起分隔空间、遮挡视线的作用，有的采取精美的镂空实木工艺，也有比较简单的，只是在木质框架上糊一层纸。

图2－58 屏风（1）

图2－59 屏风（2）

三　起居用具

花盆儿炉子 [xua^{55}p^{h}ər^{35}lu^{35}tsɿ^{0}]

除了地炉外，以前老百姓日常烧水做饭以及冬季取暖主要还是靠炉子。直到解放前，北京才开始使用带烟筒的火炉。没有烟筒的炉子在生火和添火时必须搬到院子里，待黑烟散尽后，再搬回屋里。晚上休息时，为了安全起见，须将火炉搬出室外，可屋里的温度就无法保证了。后来有了带烟筒的炉子，这些问题就解决了，这在当时也算是北京当地民生的一大改善。

图2－60 花盆儿炉子

汆子 [ts^{h}uan^{55}tsɿ^{0}]

“汆子”是一个带铁把儿的长铁筒，用来快速烧开少量的水。水壶盛水较多，用炉子烧开自然会比较慢，当着急用开水时，就把盛了水的汆子伸入炉内直接烧，很快就能烧开。

图2－61 汆子

铜脸盆 [t^{h}uŋ^{35}liɛn^{21}p^{h}ən^{35}]

以前人们住平房时，流行使用“铜脸盆”，而且许多都是祖传的。铜脸盆不易生锈，但使用一段时间后会有水垢，不过它很耐磨，所以清洗时可用砖头直接磨去盆里的水垢。即使是在20世纪80年代，北京仍然流行给新婚家庭送脸盆作为礼物的习俗。

脸盆一般放在专门的脸盆架子上，架子有木制的，也有铁制的，有可折叠的，也有不可折叠的。架子一侧还可挂毛巾。

图2－62 铜脸盆（1）

图2－63 铜脸盆（2）

图2－64 油灯

图2－65 煤油灯（1）

图2－66 煤油灯（2）

油灯 [iou^{35}təŋ^{55}]

“油灯”是旧时普通人家的照明用具，以前多以豆油为燃料，点燃后光线很暗，且很容易被风吹灭。

煤油灯 [mei^{35}iou^{35}təŋ^{55}]

以前北京家庭用的“煤油灯”有两种，一种是当地造的玻璃煤油灯，另一种是进口的煤油灯。两种灯都可以通过控制油量来调节明暗，但只能在屋中使用，不能在院中用，怕风吹。

马灯 [ma^{21}təŋ^{55}]

在室外使用的能防风遮雨的煤油灯叫“马灯”，也叫“风灯”。叫马灯是因为骑马夜行时能挂在马身上。

图2－67 马灯

座钟 [tsuo^{51}tʂuŋ^{55}]

“座钟”有大小之分，大的可直接落地，小的则通常摆放在桌子或柜子上。

图2－68 落地座钟

图2－69 座钟

挂钟 [kua^{51}tʂuŋ^{55}]

悬挂在高处的钟。

图2－70 挂钟

盘香 [p^{h}an^{35}ɕiaŋ^{55}]

在钟表被大量使用之前，焚香计时是一个重要的计时方法，比如常说的“一炷香的时间”，这是因为粗细均匀的香燃烧起来也是匀速的。香的样式有很多种，有直香，有绕圈盘香，还有制成各种精美图案的香。

图2－71 盘香（1）

图2－72 盘香（2）

图2－73 时辰香

图2－74 漏壶

图2－75 屏风香漏

漏壶 [lou^{51}xu^{35}]

用“漏壶”计时也是以前一种非常有效的计时方式，主要是通过测量滴水多少来计时，也叫“水钟”或“刻漏”。

香漏 [ɕiaŋ^{55}lou^{51}]

“香漏”可以根据香燃烧的速度进行计时，但这容易受到风的影响，因此人们就把它四面围起来挡风，这就是“屏风香漏”。

时辰蜡 [ʂʅ^{35}tʂ^{h}ən^{0}la^{51}]

点燃后可以计时的蜡烛。

月份牌儿 [yE^{51}fən^{0}p^{h}ɐr^{35}]

以前的月份牌儿上经常绘有一些表现经典故事的图案。

图2－76 时辰蜡

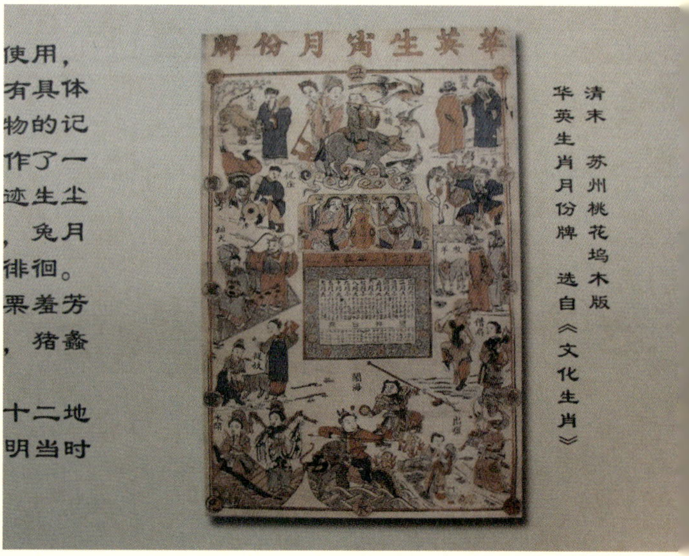

图2－77 月份牌儿

图2－78 镜帘儿

镜帘儿 [tɕiŋ^{51}liɐr^{35}]

“镜帘儿”也叫“镜衣”，挂在镜子上对镜子起保护作用。民间认为镜子既能照妖避邪，也能勾魂摄魄，因此家中不应放置过多镜子，必须摆放的镜子，平时需要悬挂镜帘儿加以遮挡。

被中香炉 [pei^{51}tʂuŋ^{55}ɕiɑŋ^{55}lu^{35}]

“被中香炉”是可放在被褥中的香炉，又称“香薰球”。它是一个球形小炉，有内外两层，外层起隔离支撑作用，内层放置香料并悬挂在外层上，不论球如何滚转，内层的炉口总是保持水平状态，不会把薰香撒出来。

图2－79 被中香炉

图2－80 拐棍儿

拐棍儿 [kuai^{21}kuər^{51}]

“拐棍儿”就是拐杖。拐棍儿形式多样，有的把手被雕成一个龙头，有的则整根被雕成水蛇状。

手炉儿 [ʂou^{21}lur^{35}]

“手炉儿”内装炭火，天冷时拿在手中或抱在怀里取暖用。

图2－81 手炉儿

脚炉儿 [tɕiɑu^{21}lur^{35}]

冬天暖脚多使用专门的“脚炉儿”，有金属的，也有瓦制的。脚炉儿中放有炭火、木屑等燃料，与手炉儿不同的是，脚炉儿不是全封闭的，上层有孔眼儿，可使热量从上面散出。

图2－82 金属脚炉儿

图2－83 鞋拔子

图2－84 油布伞

图2－85 鸡毛掸子

鞋拔子 [ɕiᴇ^{35}pa^{35}tsɿ^{0}]

使用“鞋拔子”主要是为了穿鞋方便，以前没有塑料的时候多用金属鞋拔子。

油布伞 [iou^{35}pu^{51}san^{214}]

用油布做成的伞。将桐油涂在白布上就成了油布，油布具有很好的防水效果。

鸡毛掸子 [tɕi^{55}mau^{35}tan^{21}tsɿ^{0}]

打扫卫生时扫尘土用的。

图2－86 炕笤帚

炕笤帚 [kʰaŋ^{51}tʰiau^{35}tʂou^{0}]

扫床用的扫帚。

拨锤 [po^{55}tʂʰuei^{35}]

“拨锤”是捻麻绳用的一种工具。

棒槌 [paŋ^{51}tʂʰuei^{0}]

“棒槌”是洗衣服时用来捶打衣物的木棒。

图2－87 拨锤

图2－88 麻绳和拨锤

图2－89 棒槌

搓衣板儿 [ts^{h}uo^{55}i^{55}pɐr^{214}]

“搓衣板儿”是洗衣服时用来搓洗的带有锯齿纹的木板，用它洗衣服比单纯用手搓的清洁效果要好。

熨斗 [yn^{51}tou^{214}]

“熨斗”是熨烫衣服使其平整的工具，因形状像斗而得名，也叫“烙铁”。熨衣服时，需要将熨斗用火加热，所以又管它叫“火斗”。

图2－90 搓衣板儿

图2－91 熨斗（1）

图2－92 熨斗（2）

图2－93 锤子

锤子 [tʂ^{h}uei^{35}tsɿ^{0}]

一种敲击工具，多用来钉钉子。

斧子 [fu^{21}tsɿ^{0}]

砍东西用的工具。

图2－94 斧子

夹板儿 [tɕia^{35}pɐr^{214}]

一种做鞋的工具。

图2－95 夹板儿

图2－96 金锭

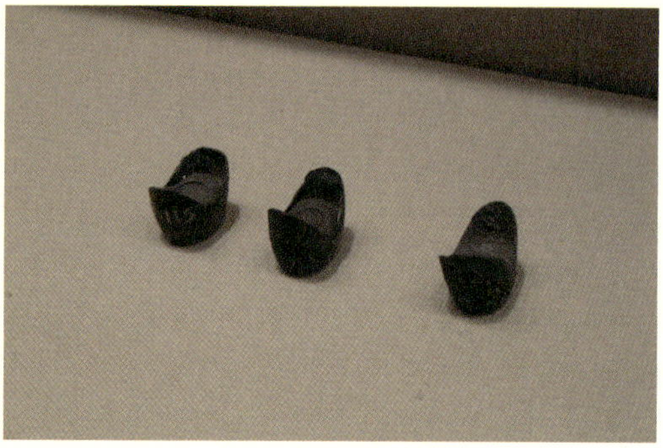

图2－97 银锭

金锭 [tɕin^{55}tiŋ^{51}]

旧时交易时使用的货币，价值很高，在日常买卖中较少直接用到。

图2－98 清代铜币

银锭 [in^{35}tiŋ^{51}]

旧时交易时使用的货币，价值比金锭低很多。

铜子儿 [t^{h}uŋ^{35}tsər^{214}]

“铜子儿”是价值含量更低的铜质货币，相当于20文钱的叫“一个大子儿”，相当于10文钱的叫“一个小子儿”。

杆儿秤 [kɐr^{21}tʂ^{h}əŋ^{51}]

由带有秤星的秤杆、金属秤锤、秤盘、提绳等组成的称量用具，多为木制。

算盘 [suan^{51}p^{h}an^{0}]

“算盘”是旧时最主要的计算工具。

图2－99 杆儿秤

图2－100 算盘

幌子 [xuaŋ^{21}tsɿ^{0}]

店铺为了招揽生意而在店门外挂出的标志物。

门牌号儿 [mən^{35}p^{h}ai^{35}xaur^{51}]

“门牌号儿”并不只是一种简单的标识符号，它还承载了相当多的历史文化内涵。

票证 [p^{h}iau^{53}tʂəŋ^{51}]

“票证”的兴废更替体现了社会经济生活的巨大变化。

图2－101 幌子

图2－102 门牌号儿

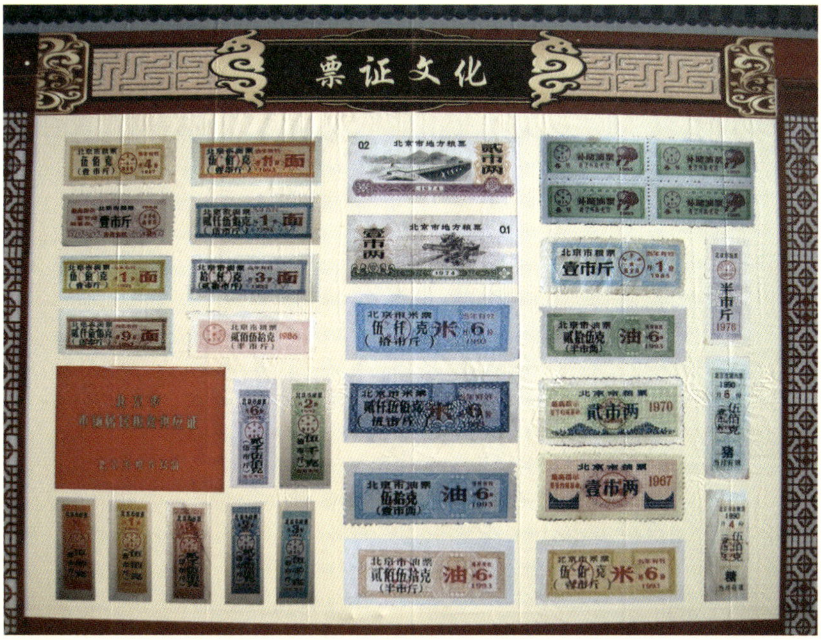

图2－103 票证

四　交通工具

洋车 [iaŋ^{35}tʂʰɤ^{55}]

老北京人将人力车称为“洋车”，因为是从国外传入的。

马车 [ma^{21}tʂʰɤ^{55}]

马拉的载人或载物的车辆，带轿厢的以前也叫“轿车”。

图2－104 洋车（1）

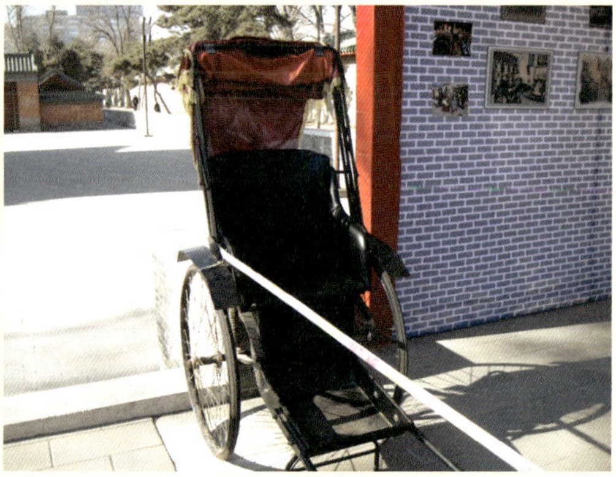

图2－105 洋车（2）

图2－106 马车

图2－107 前门铛铛车（1）

铛铛车 [tiaŋ^{55}tiaŋ^{55}tʂ^{h}ɤ^{55}]

“铛铛车”是老北京人对有轨电车的称呼。因为在铛铛车的车头挂了一只大铃铛，只要司机踩脚下踏板就会铛铛作响，提醒行人避让。还有一句专门讽刺爱吹牛者的歇后语：“老太太上电车——你先别吹！”原来铛铛车每到一站上下完乘客后，售票员一吹哨车就会开动。有一次一位老太太眼看就赶不上车了，她边跑边喊：“别吹（哨），别吹（哨）！”

图2－108 前门铛铛车（2）

叁·服饰穿戴

图3－1 传统服饰

衣食住用行，衣被放在首位，足见它的重要地位。说起老北京的穿着打扮，人们往往立刻就会想到长袍、马褂。除此之外，还有披风、斗篷、袄、坎肩、兜肚等各种类型的服装。其中，披风、斗篷和袄都是昔日北京女性常穿的。关于服饰据说在清朝有“男从女不从”的说法，即汉族妇女可以自由选择服装，而汉族男子则必须严格按照朝廷要求穿戴，因此北京的汉族妇女得以能够长久保持原有的穿戴风格。

在各种民俗事项中，服饰穿戴可以算是变化最快、更替最频繁的一类。如今，长袍马褂等服装款式已完全淡出人们的生活，剩下的是那些经过改造后能够适应当代社会生活，并符合现代人审美观念的种类。

一　衣裤

图3-2 坎肩儿

坎肩儿 [kʰan²¹tɕiɚr⁵⁵]

“坎肩儿”以前是指无领、无袖、对襟式的衣服，旧时也叫“背心儿”。它既可以穿在里边，也可以套在外面，后来逐渐也出现了带翻领的。

兜兜儿 [tou⁵⁵tour⁰]

“兜兜儿”就是肚兜。肚兜通常用单层方布做成，用绳子绑在脖子和腰上贴身穿。肚兜也有丝绸的，上面经常会绣着图案。旧时北京的儿童及妇女多穿肚兜，尤其是儿童，在酷暑时节，经常是只穿肚兜，凉快的同时也防止腹部着凉。现在儿童还经常会穿肚兜，成年人则基本不穿了。

图3-3 兜兜儿（1）

图3-4 兜兜儿（2）

斗篷 [$\text{tou}^{21}\text{p}^{\text{h}}\text{əŋ}^{0}$]

“斗篷”据说是从蓑衣演变而来，多为妇女冬季外出时穿着。多数斗篷采用鲜艳的绸缎制成，面上还绣有各式花纹图案，有的在领子上还缝有狐、貂等动物的毛皮。

图3－5 棉斗篷

旗袍儿 [$\text{tɕ}^{\text{h}}\text{i}^{35}\text{p}^{\text{h}}\text{ɑur}^{35}$]

“旗袍儿”可以说是在世界上影响最大、流传最广的中式服装。关于它的起源目前还有争议，有人说源自清代满族妇女的服装，也有人说源自汉族的袍装。20世纪旗袍儿曾一度与长袍、马褂等服装一样，处于衰落期，近些年又逐渐受到人们的重视。

图3－6 旗袍儿

围嘴儿 [uei^{35}tsuər^{214}]

“围嘴儿”是系在婴儿脖子下面用来接住唾液或饭汤的一种围式小衣服。以前的围嘴儿多为环形，喂奶喂饭时，前边沾湿了就转一下，再继续用后面干的地方，非常方便。现在的围嘴儿多只有一面，在脖子后面系绳固定。

图3－7 围嘴儿（1）

图3－8 围嘴儿（2）

二　鞋帽

绣花儿鞋 [ɕiou^{51}xuɐr^{55}ɕiᴇ^{35}]

“绣花儿鞋”是指在鞋面上绣了各式图案和花样的女鞋。根据年龄的不同，刺绣内容也不一样，年轻人穿的绣花儿鞋图案颜色比较鲜艳，样式比较活泼，中老年人穿的绣花儿鞋则比较素雅大方。

图3-9 绣花儿鞋

小脚儿布鞋 [ɕiau^{35}tɕiaur^{21}pu^{51}ɕiᴇ^{35}]

以前女人都缠足，所以穿的都是小脚鞋。

棉窝 [miɛn^{35}uo^{55}]

“棉窝”是一种老式的棉鞋，又叫“毛窝”“棉窝子”“大棉窝”。因其较厚大，能像一个窝一样把脚裹在里面而得名。

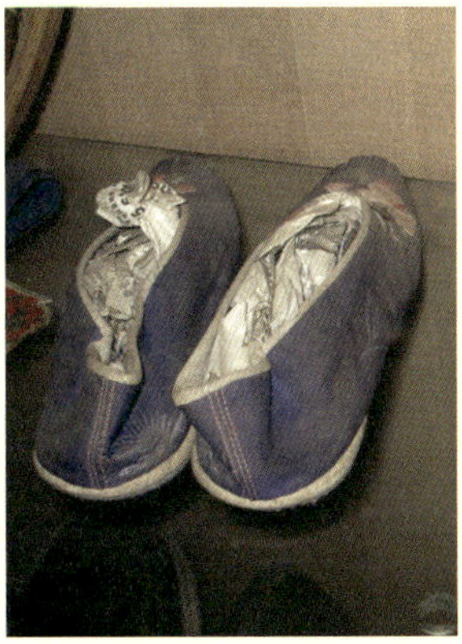

图3-10 小脚儿布鞋

图3-11 棉窝

图3－12 小圆口布鞋

图3－13 白边懒布鞋

图3－14 鞋垫

千层底儿 [tɕ^{h}iɛn^{55}ts^{h}əŋ^{35}tiər^{214}]

这一类布鞋因其鞋底是用多层布叠在一起缝纳而成，所以被形象地称为“千层底儿”。这种鞋穿起来很方便，透气柔软，因此很受人们喜欢，直到今天仍然有很多人爱穿。不过如今的鞋底大多会加一层胶皮，因此更加耐磨。

帽盔儿 [mau^{51}k^{h}uər^{55}]

“帽盔儿”就是瓜皮帽，北京人还管它叫“六块玉”“小帽”“帽头”。人们无论年龄大小、身份尊卑都可以戴。这种帽子是由6块相同质地的材料拼制而成，据说代表天地四方六合统一之义。帽子的6块布料下宽上尖，合在一起形如半个西瓜皮，因此叫“瓜皮帽”。

风帽儿 [fəŋ^{55}maur^{51}]

“风帽儿”又称“风领”或“马虎”，有棉的，也有皮的。这种帽子的帽扇长，可以保护脖子不被寒风所吹。北京冬天冷，风又大，因此老年人到冬季都喜欢戴风帽。

图3－15 帽盔儿

图3－16 风帽儿（1）

图3－17 风帽儿（2）

图3－18 帽架儿

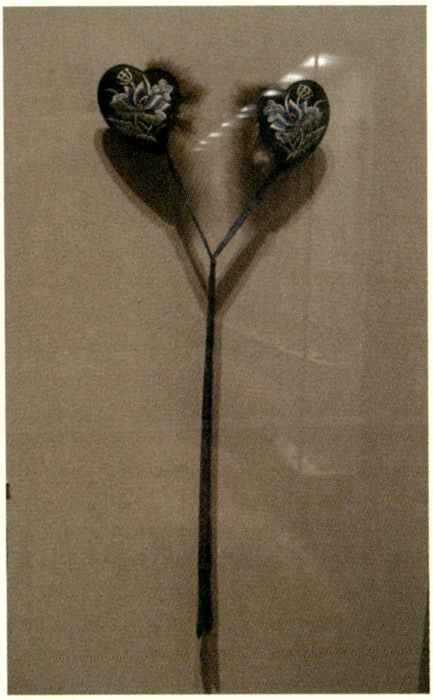

图3－19 耳罩儿

帽架儿 [mɑu^{53}tɕiɐr^{51}]

“帽架儿”是专门用于放置帽子的器具。另外，以前专门放帽子的用具还有帽筒。

耳罩儿 [ɚ^{21}tʂaur^{51}]

女人因为要盘头，还要佩戴很多头饰，因此较少戴帽子，所以在天冷时通常会戴“耳罩儿”防寒。有时候会再包一块头巾。

头箍儿 [t^{h}ou^{35}kur^{55}]

老年妇女箍头用的。

图3－20 头箍儿

棉布帽子 [miɛn^{35}pu^{0}mɑu^{51}tsɿ^{0}]

一种在冬天经常戴的御寒帽子。

图3－21 棉布帽子

图3－22 栽绒帽子

栽绒帽子 [tsai^{55}ʐuŋ^{35}mɑu^{51}tsɿ^{0}]

“栽绒帽子”一度在北京特别流行，现在已很少有人戴了。

草帽儿 [ts^{h}ɑu^{21}mɑur^{51}]

“草帽儿”的帽沿比较宽大，既可挡雨又能遮阳。

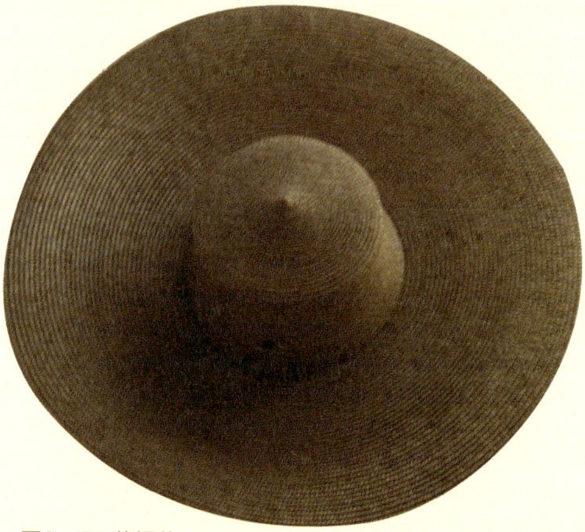

图3－23 草帽儿

三　饰品

图3－24 香包儿

香包儿 [ɕiaŋ^{55}paur^{55}]

“香包儿”也称“香囊”“香袋儿”，里面因为填充了丁香、雄黄、藿香等药材粉末，因此能够长时间散发芳香气味。有的外表绣有各种美丽的图案，深受女性喜爱。

荷包儿 [xɤ^{35}paur^{55}]

“荷包儿”是人们随身佩带的一种装零星物品的小包，造型有圆形的、方形的、椭圆形的，也有桃形的、如意形的、葫芦形的；图案有花、鸟、山水、人物等。以前人们的衣服没有口袋，女性会把随身携带的一些必备小物品放在荷包儿里。

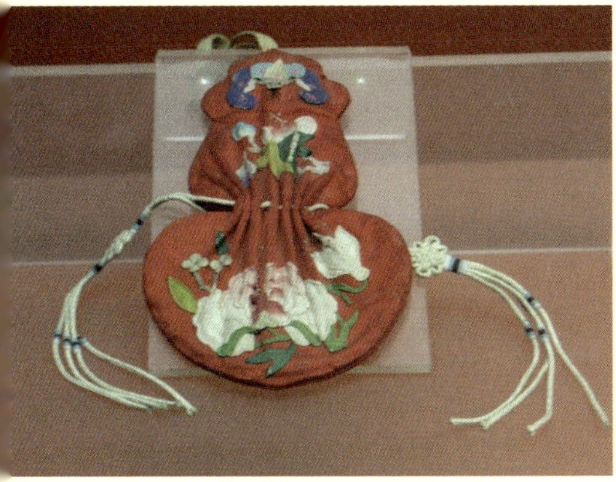

图3－25 荷包儿

图3－26 各式荷包儿

图3－27 军用挎包

图3－28 手链儿

军用挎包 [tɕyn^{55}yŋ^{53}k^{h}ua^{51}pau^{55}]

这种包给人以浓厚的历史感，很多外国人喜欢买来作纪念。

手链儿 [ʂou^{21}liɐr^{51}]

一种戴在手腕上的装饰品。

汗巾 [xan^{51}tɕin^{55}]

“汗巾”就是擦汗用的手巾。有的汗巾做工非常精美，上面绣有各式图案。

图3－29 汗巾

镯子 [tʂuo^{35}tsɿ^{0}]

最常见的“镯子”是用玉石制成的，也有少数搭配使用玉石和金银制作而成，后者的制作工艺更为高超。

簪子 [tsan^{55}tsɿ^{0}]

“簪子”又称“发簪”，是用来固定头发的饰品，一般为单根。簪子可以用金属、竹、玉石、骨头等各种材料来制作。由两股簪子组合成的首饰称为“钗”。分钗常被用来指代夫妻分离，例如成语“破镜分钗”。

图3－30 镯子（玉质）

图3－31 镯子（金镶玉）

图3－32 簪子

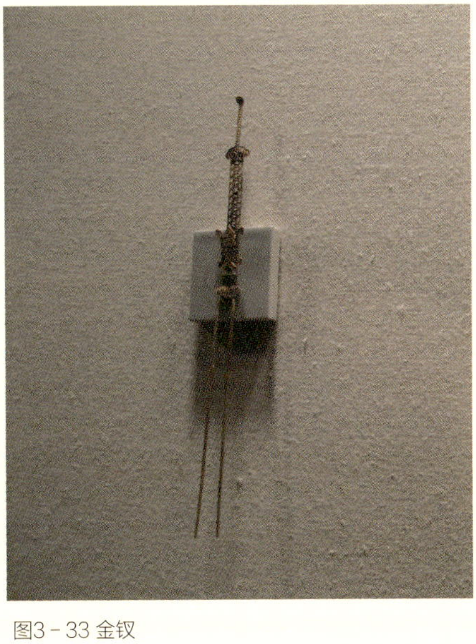

图3－33 金钗

戒指 [tɕiᴇ⁵¹tʂʅ⁰]

据说“戒指”起源于古时宫廷，是一种表示禁戒的标志。后来在民间逐渐演化为定情信物，男女通过互送戒指表示爱慕之情。

图3－34 戒指

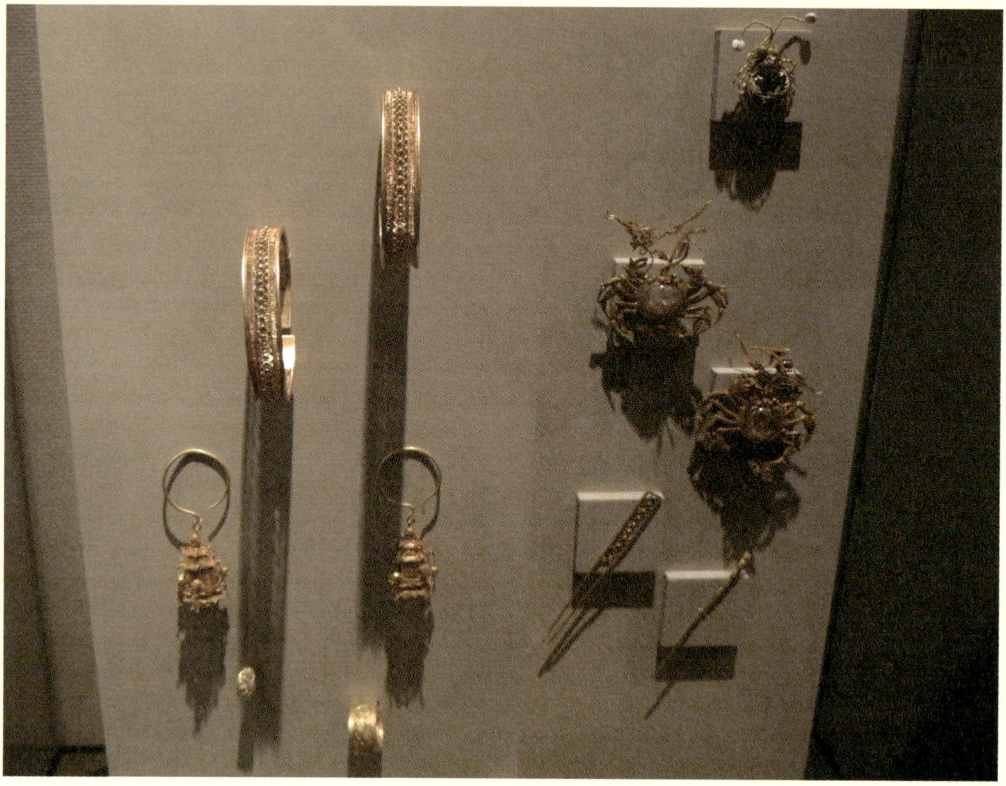

图3－35 整套首饰

八吉祥 [$pa^{55}tɕi^{35}ɕiaŋ^{0}$]

“八吉祥”又称“佛教八宝”，是一种体现佛教艺术的装饰，将象征佛教威力的八种物象描绘成八种图案纹饰，并体现在装饰品上。

香薰 [$ɕiaŋ^{55}ɕyn^{55}$]

“香薰”内装香料，能发出芳香气息，作为饰品可佩戴在身上，多为女子所用。

图3－36 八吉祥

图3－37 香薰

肆·饮食起居

图4－1 茶汤

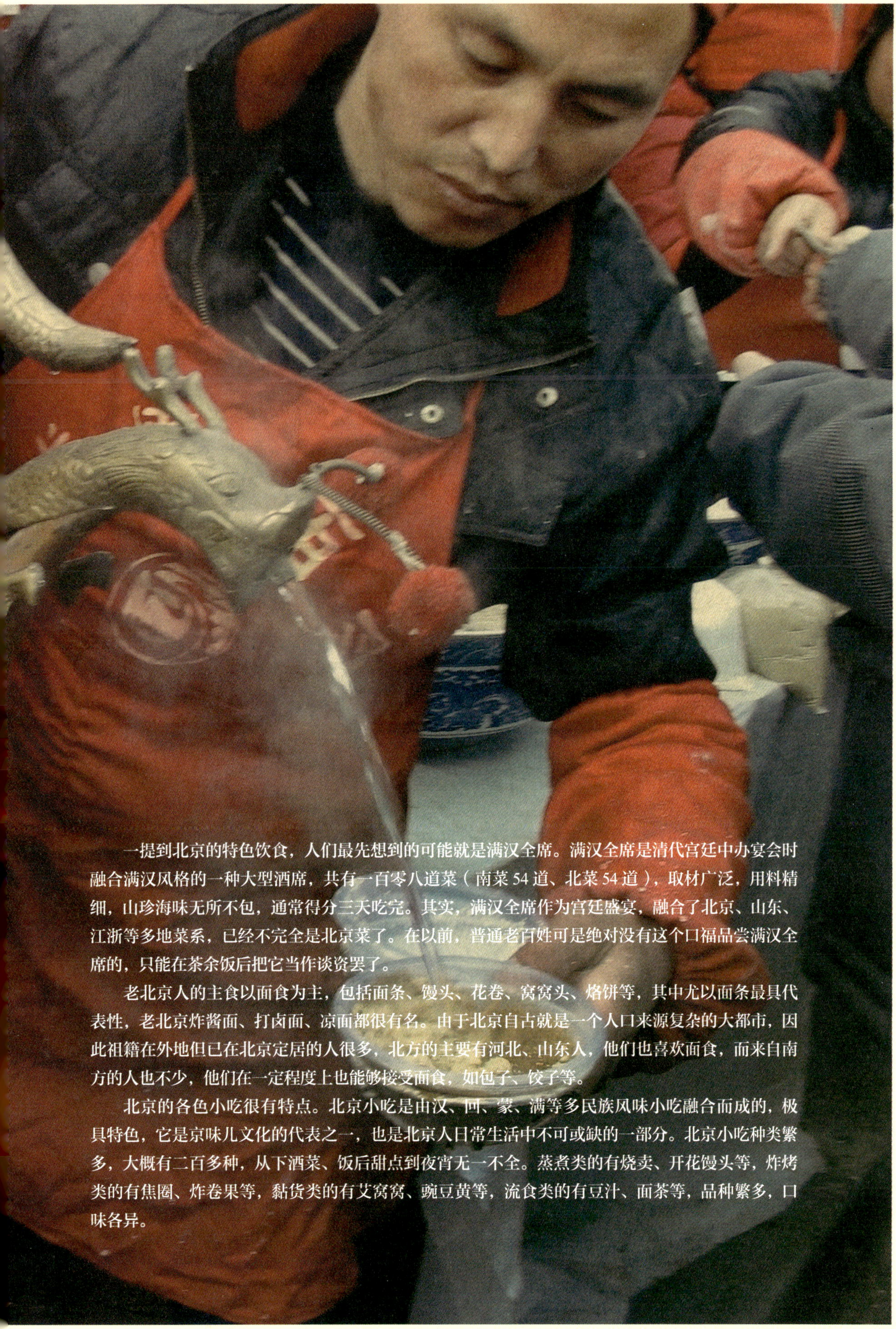

一提到北京的特色饮食，人们最先想到的可能就是满汉全席。满汉全席是清代宫廷中办宴会时融合满汉风格的一种大型酒席，共有一百零八道菜（南菜54道、北菜54道），取材广泛，用料精细，山珍海味无所不包，通常得分三天吃完。其实，满汉全席作为宫廷盛宴，融合了北京、山东、江浙等多地菜系，已经不完全是北京菜了。在以前，普通老百姓可是绝对没有这个口福品尝满汉全席的，只能在茶余饭后把它当作谈资罢了。

老北京人的主食以面食为主，包括面条、馒头、花卷、窝窝头、烙饼等，其中尤以面条最具代表性，老北京炸酱面、打卤面、凉面都很有名。由于北京自古就是一个人口来源复杂的大都市，因此祖籍在外地但已在北京定居的人很多，北方的主要有河北、山东人，他们也喜欢面食，而来自南方的人也不少，他们在一定程度上也能够接受面食，如包子、饺子等。

北京的各色小吃很有特点。北京小吃是由汉、回、蒙、满等多民族风味小吃融合而成的，极具特色，它是京味儿文化的代表之一，也是北京人日常生活中不可或缺的一部分。北京小吃种类繁多，大概有二百多种，从下酒菜、饭后甜点到夜宵无一不全。蒸煮类的有烧卖、开花馒头等，炸烤类的有焦圈、炸卷果等，黏货类的有艾窝窝、豌豆黄等，流食类的有豆汁、面茶等，品种繁多，口味各异。

一　主食

炸酱面 [tʂa^{35}tɕiɑŋ^{53}miɛn^{51}]

北京人爱吃“炸酱面”，夏天在胡同里的大杂院儿门口经常可以见到这样的场景，到了晚饭点，街坊邻居几个人蹲在一起，端着碗炸酱面，就着根黄瓜，边吃边聊天，或者看下棋，其乐融融。

炸酱面是用面码儿（吃面条时拌在里面的菜）、炸酱拌着面条做成的。地道的老北京炸酱面做法可有讲究，酱要好，而且旧时都是用猪油炸的，热乎乎的吃起来很香。面码儿包括豆芽、青豆、黄瓜丝、心儿里美萝卜丝、白菜丝、青蒜、大蒜等。北京有这么一个顺口溜专门形容炸酱面：“青豆嘴儿、香椿芽儿，焯韭菜切成段儿；芹菜末儿、莴笋片儿，狗牙蒜要掰两瓣儿；豆芽菜，去掉根儿，顶花带刺儿的黄瓜要切细丝儿；心儿里美，切几批儿，焯江豆剁碎丁儿，小水萝卜带绿缨儿；辣椒麻油淋一点儿，芥末泼到辣鼻眼儿。炸酱面虽只一小碗，七碟八碗是面码儿。”

芝麻酱面 [tʂʅ^{55}ma^{0}tɕiɑŋ^{53}miɛn^{51}]

“芝麻酱面”的做法比起炸酱面来就简单多了，其用料主要包括：芝麻酱、黄瓜、

图4－2 炸酱面

图4－3 芝麻酱面

萝卜丝、大蒜等，做法主要是将麻酱用水调匀，然后把调料配好，最后与菜拌在一起吃。由于炸酱面做起来更复杂，因此人们平时更常吃麻酱凉面。

打卤面 [ta^{35}lu^{21}miɛn^{51}]

“打卤面”也是很受欢迎的面食，据说以前生活条件差时只能在过生日的时候才能吃到美味的打卤面，现在条件好了，想吃就能吃。与炸酱面不同，打卤面汤比较多，而且用料不同，主要包括：五花肉、黄花菜、木耳、蘑菇等，因此吃起来更热乎，口感也不同。也有比较简单的家常做法，比如西红柿鸡蛋打卤面。

毛细 [mɑu^{35}ɕi^{51}]

面条儿有宽有细，宽的有“宽条儿”，而“毛细”是指最细的那一类。

图4－4 西红柿鸡蛋打卤面

图4－5 毛细面条

饸饹面 [xɤ^{35}luo^{0}miɛn^{51}]

“饸饹面”是专门用饸饹床子（做饸饹面的工具，有漏孔）制作的面条，以前生活条件不好时，多用榆皮面制作。吃饸饹面又叫“吃压饸饹”。据说饸饹面以前叫“河漏面”，康熙皇帝因此名不吉利才将其改名。

图4－6 饸饹床子（局部）

二　小吃

碰头食 [$p^hə ŋ^{51}t^hou^{35}ʂʅ^{35}$]

“碰头食”是北京小吃的形象化俗称，因为北京小吃很多都在庙会或集市上叫卖，人们不经意之间就会遇到。清代专门有词形容北京小吃：“日斜戏散归何处，宴乐居同六和居。三大钱儿买甜花，切糕鬼腿闹喳喳。清晨一碗甜浆粥，才吃茶汤又面茶。凉果炸糕糖耳朵，吊炉烧饼艾窝窝。叉子火烧刚卖得，又听硬面叫饽饽。烧卖馄饨列满盘，新添挂粉好汤圆。爆肚油肝香灌肠，木须黄菜片儿汤。”

图4－7 小吃摊

图4－8 驴打滚儿

驴打滚儿 [ly^{35}ta^{35}kuər^{214}]

“驴打滚儿”又叫“豆面糕”，是一种很古老的北京小吃，据说源于满族的黏食。因为狩猎生活经常是早出晚归，而黏食比较耐饿，所以满族人特别喜欢吃。制作驴打滚儿要求层次分明，馅料均匀，最后还要放在黄豆面中滚一下，就好像驴在尘土中打滚一样，所以说驴打滚儿是一种比喻的叫法。不过约定俗成后，人们就渐渐只知道俗称，而不用原名了。

螺蛳转儿 [luo^{35}sɿ^{55}tʂuɐr^{51}]

“螺蛳转儿”是用面粉、红糖、芝麻酱等原料制成的，因其形似螺蛳而得名。北京小吃的名字都比较讲究，有的很有寓意，有的很形象，形象性这一点在螺蛳转儿上有很好的体现。螺蛳转儿如果当天卖不完，烤干后第二天可以接着卖。

图4－9 螺蛳转儿（1）

图4－10 螺蛳转儿（2）

图4－11 螺蛳转儿（3）

艾窝窝 [ai^{51}uo^{55}uo^{0}]

“艾窝窝”是北京传统风味小吃，多在春节前后上市，也写作“爱窝窝”。艾窝窝以蒸熟的江米作皮儿，豆沙做馅儿，揉成元宵大小的球形，最后再点上红点儿。卖艾窝窝的通常吆唤“艾窝窝尝馅儿来”。据传以前只是叫作“窝窝”，但因为有一位皇帝特别爱吃这种窝窝，经常说：“御爱窝窝。”后来传到民间，省去了“御”字，就成了“艾（爱）窝窝”。

江米炸糕 [tɕiɑŋ^{55}mi^{21}tʂa^{35}kɑu^{55}]

“江米炸糕”是老北京小吃中比较有名的汉族小吃。吃江米炸糕时一定要趁热，一旦凉了就变得硬邦邦的不好吃了。

开口笑 [k^{h}ai^{55}k^{h}ou^{21}ɕiɑu^{51}]

“开口笑”是北京小吃中的一种油炸面食小吃，因其炸后会裂开一道缝，像人在笑而得名。开口笑香甜松酥，很受欢迎。

麻团儿 [ma^{35}t^{h}uɐr^{35}]

“麻团儿”是用加糖的糯米粉内包豆沙等馅料炸制而成的，因其为圆形，外面又粘了一层芝麻，所以叫麻团儿。

图4－12 艾窝窝

图4－13 江米炸糕

图4－14 开口笑

图4－15 麻团儿

图4－16 墩儿饽饽

图4－17 奶油炸糕

图4－18 糖耳朵

图4－19 糖火烧

墩儿饽饽 [tuər^{55}po^{55}po^{0}]

“墩儿饽饽”是烤制而成的，吃起来甜香筋道。

奶油炸糕 [nai^{21}iou^{35}tʂa^{35}kɑu^{55}]

“奶油炸糕”是北京人特别喜欢的一种油炸甜食。它质地蓬松，外焦里嫩，香味浓郁。人们经常撒上白糖吃。

糖耳朵 [t^{h}ɑŋ^{35}ɚ^{21}tuo^{0}]

“糖耳朵”又称蜜麻花，是北京小吃中的常见名品，因为形似人耳而得名。糖耳朵绵润松软，香甜可口。有首诗是这样写的：“耳朵竟堪作食耶？常偕伴侣蜜麻花，劳声借问谁家好，遥指前边某二巴。”

糖火烧 [t^{h}ɑŋ^{35}xuo^{21}ʂau^{0}]

“糖火烧”是北京常见的早点小吃，有数百年历史，大顺斋的糖火烧最有名。糖火烧香甜味厚，甜而不腻，绵软不黏，非常适合老年人。

馓子 [san^{21}tsɿ^{0}]

“馓子”是北京清真小吃中的精品，虽然制作起来比较麻烦，却深受百姓欢迎。据说麻花和馓子分别用来指称不同的食品是从清代开始的，较粗较硬的是麻花，而馓子则较细较散。

图4－20 馓子

姜丝儿排叉儿 [tɕiaŋ^{55}sər^{55}p^{h}ai^{35}tʂ^{h}ɐr^{51}]

“姜丝儿排叉儿”，顾名思义，原料中是有鲜姜的。制作时要把鲜姜末、面粉和一定比例的明矾末用凉水和在一起，而且炸好后还得过一次蜜，所以又甜又有姜香味。还有一种带咸味的排叉儿，原料是面粉、苏打和盐，也用油炸，但不过蜜，是很好的下酒菜。过去天桥小贩卖排叉儿时通常这样吆喝：“大麻花，碎排叉儿，十样锦的花，一大一包的炸排叉儿。”

图4－21 姜丝儿排叉儿

图4－22 排叉儿

焦圈儿 [tɕiau^{55}tɕ^{h}yɐr^{55}]

“焦圈儿”的历史非常悠久，它颜色棕黄，吃起来酥、脆、香，是老少皆宜的食品。焦圈儿可贮存很长时间，放十天半月口感也不会有太大变化。北京人在吃烧饼时也会夹着焦圈儿一起吃。由于焦圈儿制作起来比较麻烦，所以一般小吃店不会做很多，再加上买的人不少，因此经常断档。

图4－23 焦圈儿

图4－24 豆汁儿

豆汁儿 [tou⁵¹tʂər⁵⁵]

按老北京的习惯，吃焦圈一定得喝“豆汁儿”。没喝过豆汁儿的人可能会觉得它跟豆浆差不多，但真要喝一大口，估计立马得吐出来。大多数第一次喝豆汁儿的人都形容它有一股子泔水味。跟其他北京小吃比起来，豆汁儿可能是最不被人接受的了。

豆汁儿是用制造绿豆粉或粉丝的下脚料发酵而成的，乍一喝味道很怪，但喝习惯了的北京人却觉得它越喝越香，所以才有“没喝过豆汁儿，不算到过北京”的说法。而且，豆汁儿不要凉了再喝，最好趁热喝，那味道就大不一样了，酸中带甜。此时再就着酱菜、焦圈等一起吃，味道就更好了。正好比梁实秋所说：“豆汁儿只能吸溜着喝，越喝越烫，最后直到满头大汗。”

以前豆汁儿和麻豆腐都是在一起卖的，小贩常常这样吆喝：“甜酸的豆汁儿来——麻豆腐。”

烧卖 [ʂɑu⁵⁵mai⁵¹]

“烧卖”据传起源于元大都，是地道的京味小吃。旧时人们都是在茶馆里一边喝茶一边吃烧卖。与包子不同，烧卖外面的烫面皮是不封口的，并且边缘处还要折出花边。

图4－25 烧卖

图4－26 肉末儿烧饼

图4－27 咸酥烧饼

肉末儿烧饼 [zọu^{53}mor^{51}ʂau^{55}piŋ^{0}]

所谓“肉末儿烧饼”，就是中间夹着炒好的肉末儿的烧饼，别看它做法简单，却是北京传统的宫廷小吃。肉末儿烧饼又叫“圆梦烧饼”。据说有一天晚上慈禧做了个梦，吃了一种不知名的烧饼，烧饼中间是切开的，还夹上了肉末儿，特别好吃。醒来后，御膳房竟然正好给自己送来了肉末儿烧饼，于是重赏了厨师。从此，肉末儿烧饼就被称为“圆梦烧饼”并流传开来。宣南地区的肉末儿烧饼最地道，以前经常有小贩走街串巷叫卖。

咸酥烧饼 [ɕiɛn^{35}su^{55}ʂau^{55}piŋ^{0}]

“咸酥烧饼”和“甜酥烧饼”都是北京小吃中的品种，多在春、秋、冬三季食用。

爆肚儿 [pau^{51}tur^{214}]

“爆肚儿”的原料是牛羊肚儿。爆肚儿要做得好，除了肚儿要新鲜外，一定要用旺火“爆”，要用滚开的水，在极短时间内煮熟，否则肉很容易老。梁实秋先生曾详细介绍过爆肚儿的做法：“肚儿是羊肚儿，口北的绵羊又肥又大，羊胃有好几部分：散丹、葫芦、肚板儿、肚领儿，以肚领儿为最厚实。馆子里卖的爆肚儿以肚领儿为限，而且是剥了皮的，所以称之为肚仁儿。爆肚仁儿有三种做法：盐爆、油爆、汤爆。”

有人说不吃爆肚儿的人不是北京人，但是爱吃爆肚儿的人不见得就是北京人，因为爆肚儿实在太好吃了。

图4－28 爆肚儿

图4－29 卤煮火烧（1）

图4－30 卤煮火烧（2）

卤煮火烧 [lu^{35}tʂu^{35}xuo^{21}ʂɑu^{0}]

说起“卤煮火烧”，那可绝对是北京土生土长的特色小吃。做卤煮火烧的时候，将火烧、炸豆腐块、猪小肠、猪肺都剁成块，在老汤里煮，吃的时候再加点蒜泥、辣椒油、酱豆腐、韭菜花等，还没吃就已经让人垂涎欲滴了。相传卤煮火烧起源于城南，是模仿宫廷苏造肉而成的。以前南城穷人多，一般人家都吃不起用五花肉做的苏造肉，为了适应大众需求，就改用猪下水为原料，主要使用最便宜的猪肠子和猪肺。京城做卤煮火烧的知名老字号是“小肠陈”。

炒肝儿 [tʂʰɑu^{21}kɐr^{55}]

“炒肝儿”也是用猪杂碎制作的老北京小吃，它的汤汁油亮酱红，肝香肠肥，味浓而不腻，汤稀而不散。炒肝儿里没有猪心和猪肺，只用猪肝和猪肠做原料，所以有歇后语道：“北京的炒肝儿——没心没肺。”

炸丸子 [tʂa^{35}uan^{35}tsɿ^{0}]

北京小吃“炸丸子”专指用豆面做的炸丸子。

图4－31 炒肝儿

图4－32 炸丸子汤

茶汤 [tʂ^{h}a^{35}t^{h}ɑŋ^{55}]

北京的“茶汤”和藕粉类似，也是一种饮食，原料是糜子面。北京街头卖茶汤的都是用大铜壶现场冲出各种味道的茶汤。这个活儿技术含量非常高，水冲得猛了，烫着自己的手，冲得轻了，又够不着碗洒在外面，会让人笑话，生意也就别做了。只有勤加练习，才能冲出合格的茶汤。茶汤香甜可口，老少皆宜，经常作为早餐食用，所以有“清晨一碗甜浆粥，才吃茶汤又面茶”的说法。老北京的茶汤以天桥附近的“茶汤李”较为有名。

面茶 [miɛn^{51}tʂ^{h}a^{35}]

北京的“面茶”大人小孩儿都爱吃，它是用小米面或糜子面做成，上面再撒芝麻酱。与茶汤多在早餐食用不同，面茶一般是在下午售卖，正所谓“午梦初醒热面茶，干姜麻酱总须加”。传统的喝面茶方法是不用筷子、勺子等餐具的，而是一手端着碗，嘴沿着碗边转圈吸溜着喝。

图4－33 面茶

杏仁儿豆腐 [ɕiŋ^{51}zər^{35}tou^{51}fu^{0}]

“杏仁儿豆腐”是比较清淡的一类小吃，虽叫豆腐，其实跟豆腐没有任何关系。它是用甜杏仁儿磨浆后加水煮沸，凝结成形之后切块而成，因为形状像豆腐所以得名杏仁儿豆腐。

图4－34 杏仁儿豆腐

山楂糕 [ʂan^{55}tʂa^{0}kɑu^{55}]

老北京的“山楂糕”又叫“金糕”“京糕”，它以山楂为主料，配以白砂糖、桂花等制作而成。为何红色的山楂糕在北京叫金糕呢？据说有一天慈禧太后要吃山楂糕，宫里赶忙找人来做，由于是皇室专用，因此做成的山楂糕故意带有一丝丝的金黄色，慈禧品尝后很开心，于是赐名“金糕”，后来人们便将无论什么颜色的山楂糕都叫作金糕了。

图4－35 山楂糕

图4－36 山药糕

山药糕 [ʂan^{55}iau^{51}kau^{55}]

“山药糕”是用山药、面粉和白糖等原料混合蒸制而成的，现在店里出售的山药糕通常会淋上蓝莓等果酱，吃起来香甜可口。

饹馇儿盒儿 [kɤ^{55}tʂɐr^{0}xɤr^{35}]

图4－37 饹馇儿盒儿

“饹馇儿盒儿”是一种炸货，以前主要流行于京东地区。据说它的产生与京杭大运河通航有关。船员们从山东带回的煎饼在运河上日久受潮，有人将其卷起来切成段再用油炸，于是又变得香脆可口，且久放不坏。“饹馇儿盒儿”的名称来源传说跟慈禧有关。慈禧第一次吃饹馇儿盒儿时，问这是何物，下人回答不出，请慈禧赐名，慈禧说：“搁这儿吧。”下人没听清，以为赐名“搁这儿”，而北京话的“搁这儿”（实际读“搁这合儿”）与“饹馇儿盒儿”很相似，所以就传下来了。

护国寺小吃 [xu^{51}kuo^{35}sɿ^{51}ɕiau^{21}tʂ^{h}ʅ^{55}]

“护国寺小吃”是北京地方小吃的代表之一，以其品种丰富、特色突出、历史底蕴深厚著称。据说，护国寺始建于元代，那时每月初八有庙会，庙会上汇集了各类小吃，包括年糕、灌肠、煮羊霜肠、扒糕、凉粉、爆肚儿、茶汤等。

图4－38 护国寺小吃店

图4－39 合义斋

合义斋 [$\mathrm{x\gamma^{35}i^{51}t\c{s}ai^{55}}$]

“合义斋”也是比较有名的传统小吃店。

冰糖葫芦 [$\mathrm{pi\eta^{55}t^{h}a\eta^{35}xu^{35}lu^{0}}$]

“冰糖葫芦”是冬天常见的传统小吃。老北京人喜欢在春节逛庙会时买上一串，伴随着卖糖葫芦的吆喝声，边逛边吃，别提多美了。现在的冰糖葫芦不光有山楂的，还有山药的及各种水果的。

图4－40 冰糖葫芦（1）

图4－41 冰糖葫芦（2）

图4－42 烤白薯

烤白薯 [k^{h}ɑu^{21}pai^{35}ʂu^{214}]

北京人管地瓜叫白薯，“烤白薯”在冬天最常见。小贩把白薯放在大圆铁桶内烘烤，卖时吆喝着“烤的热乎”，以此来招揽客人。白薯也常被做成白薯干儿，非常受欢迎。

柿饼儿 [ʂʅ^{51}piɑ̃r^{214}]

“柿饼儿”是将柿子晒干制成的一种干果。秋天柿子成熟，天气逐渐转凉后，就可以开始做了。好的柿饼儿一定要上霜，而这与温度有直接关系，温度越低越容易上霜，因此做柿饼儿多在天冷时，盛放柿饼儿的缸也一定要置于阴凉处。

图4－43 柿饼儿

松肉 [suŋ^{55}ʐou^{51}]

“松肉”是用油豆皮包肉馅炸制而成的，是著名的清真小吃。

图4－44 松肉（1）

图4－45 松肉（2）

图4－46 酸枣面儿

图4－47 芝麻糖片儿

酸枣面儿 [suan^{55}tsɑu^{21}miɐr^{51}]

将酸枣碾成细面儿，然后压成长方形的大块儿，卖时还要再切成小块儿。

芝麻糖片儿 [tʂʅ^{55}ma^{0}tʰɑŋ^{35}pʰiɐr^{51}]

用芝麻做的一种片状的点心。

关东糖 [kuan^{55}tuŋ^{55}tʰɑŋ^{35}]

一般在过小年前后制作售卖。

图4－48 关东糖

炸灌肠儿 [tʂa^{35}kuan^{51}tʂʰɑ̃r]

“炸灌肠儿”又叫“小灌肠儿”，虽然名称是肠，但它其实是一种素食。灌肠儿的做法是淀粉加红曲水同豆腐渣一起和成稠糊，蒸熟后再切成片，最后用猪油煎。食用时浇盐水蒜汁，用竹签扎着吃。灌肠儿外焦里嫩，焦香扑鼻，很适合做下酒菜。

图4－49 炸灌肠儿

图4－50 水果糖

水果糖 [ʂuei^{35}kuo^{21}t^{h}ɑŋ^{35}]

一种具有水果味道的糖，有软糖也有硬糖。

棉花糖 [miɛn^{35}xua^{55}t^{h}ɑŋ^{35}]

棉花糖是小朋友特别爱吃的一种零食，它必须现做现吃，无法长时间存放。其实它的原料很简单，就是普通白糖。将白糖倒入做棉花糖的机器中制出糖丝，再将糖丝缠绕成一大团，就好像棉花团一样。

图4－51 棉花糖

图4－52 北冰洋汽水儿

汽水儿 [tɕ^{h}i^{51}ʂuər^{214}]

“北冰洋汽水儿”是北京当地的品牌，曾经消失过一段时间，但近些年在市面上又再度出现。

三　菜肴

京帮菜 [tɕiŋ^{55}pɑŋ^{55}ts^{h}ai^{51}]

京帮菜就是北京菜。京帮菜最大的特点就是来源多样，它以北方菜为基础，兼收各地风味。由于北京历史上就人口密集，人口来源广泛，流动性大，因此北京的菜肴也必然融合了各地的特色。

图4－53 涮羊肉（1）

涮羊肉 [ʂuan^{51}iɑŋ^{35}ʐou^{51}]

涮羊肉可以算是著名的北京菜，又称“羊肉火锅”。冬天在屋子里架起涮锅，竖起烟囱，锅开肉熟后，夹一筷子羊肉，蘸着味道鲜美的酱料送入嘴中，绝对能让人大饱口福。从涮羊肉这道菜也可以看出北京菜具有鲜明的少数民族特色，因为涮或烤牛羊肉原是北方少数民族的吃法。

图4－54 涮羊肉（2）

图4－55 涮肉作料（韭菜花、酱豆腐）

图4－56 全聚德烤鸭店

烤鸭 [$k^{h}ɑu^{21}ia^{55}$]

“北京烤鸭”是闻名海内外的当地特色菜，而做烤鸭最著名的非全聚德莫属。全聚德的烤鸭师傅将原来的烤炉改为炉身高大、炉膛深广、可烤十数只鸭子的挂炉，并且改进了烤鸭的制作工艺，为全聚德烤鸭赢得了“京师美馔，莫妙于鸭”的美誉。北方地区本不产鸭子，为何会有烤鸭呢？其实北京烤鸭旧名“南炉鸭”，也叫“大明炙鸭子”，由这两个名称可以知道北京烤鸭应是在明朝从南方传来的。吃烤鸭的最佳季节是在秋天，那时的鸭子最肥美，正好可以贴秋膘。

图4－57 烤鸭（1）

图4－58 烤鸭（2）

四　起居

座次 [tsuo^{51}tsʰɿ^{0}]

在北京，正式请客时是很讲究座次的。

1.主陪，请客方最重要的人，坐在面对门口最中间的位置。

2.副陪，请客方第二重要的人，坐在主陪的对面，背对门口，主要任务是劝酒。

3.主宾，最重要的一位客人，坐在主陪的右边。

4.三陪，坐在主宾的右边，他的作用是与主陪一左一右把主宾夹在中间。

5.副宾，是第二重要的客人，坐在主陪的左边。

其他客人顺次坐在副宾的左边。

敬酒 [tɕiŋ^{51}tɕiou^{214}]

敬酒时要按如下顺序进行：

1.主陪敬主宾。

2.副陪敬主宾。

3.主宾回敬。

4.各人互敬。

此外还要注意以下规矩：

1.通常情况下，可以多人敬一人，不要一人敬多人。

2.敬酒时如果不与他人碰杯，喝多少可视对方酒量而定，但不可比对方喝得少。如果碰杯，那就要喝完。

3.敬酒碰杯时自己的杯子要比别人低，以示尊敬。

4.多人碰杯时最好按顺序碰。

划拳 [xua^{35}tɕʰyɛn^{35}]

划拳又叫猜拳，是一种劝酒助兴的游戏。饮酒时两人同时伸出手指并各说一个数，谁说的数跟双方所伸手指的总数相同就算赢，输的人喝酒。

酒令 [tɕiou^{21}liŋ^{51}]

一字令：一条龙、一锭金、一夫当关；

二字令：哥俩儿好、并蒂莲、双喜临门；

三字令：三星照、三结义、三阳开泰；

四字令：四喜财、四季发财、四季如意；

五字令：五魁首、五花骢、五纪魁；

六字令：六六六、六六大顺；

七字令：七个巧、七仙女、七夕节、七子团圆；

八字令：八匹马、八大仙、八大寿、八仙过海；

九字令：九连环、九重天、九快马、九龙盘柱；

十字令：满堂红、合家欢、十全十美。

品茶 [pʰin^{21}tʂʰa^{35}]

北京人爱喝茶，不同时节喝什么茶都是有讲究的：

春饮花茶，散寒气，生阳气，解春困。

夏饮绿茶，生津止渴，除湿去火。

秋饮青茶，清热去燥，抵御风寒入侵。

冬饮红茶，滋补阳气，增强身体抵抗力。

旱烟 [xan^{51}iɛn^{55}]

旧时抽烟多用烟枪，抽“旱烟”时烟气直接入口。现在人们抽旱烟，有的用烟斗抽，有的用纸卷着抽。在北京管烟斗也叫“烟袋”。

图4－59 烟袋

水烟 [ʂuei^{21}iɛn^{55}]

“水烟”与旱烟相对应。抽水烟时烟气被水过滤，抽起来口感柔和一些。

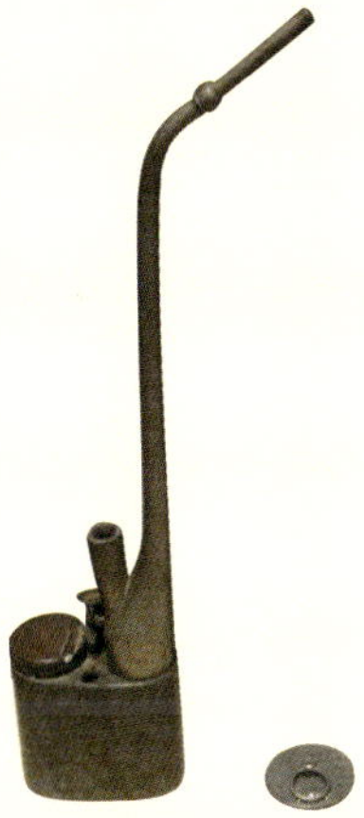

图4－60 抽水烟的工具

鼻烟 [pi^{35}iɛn^{55}]

“鼻烟”是把优质的烟草研磨成极细的粉末，然后加入麝香等药材或花卉的提炼物制成。优质的鼻烟一般需要放在鼻烟壶里密封发酵。

鼻烟壶 [pi^{35}iɛn^{55}xu^{35}]

“鼻烟壶”是专门用来盛鼻烟的容器，多为玻璃、陶瓷制品，一般内附小勺，用来舀取鼻烟。壶体上常绘有装饰图案，题材多为著名人物、历史故事等。据说鼻烟壶是在明末清初时传入中国的。刚开始只有鼻烟盒，后来渐渐本土化，产生了鼻烟壶。现在人们很少抽鼻烟了，而鼻烟壶却保留了下来，而且很多都是精美的工艺品。鼻烟壶的制作采用了雕刻、镶嵌、琢磨等不同工艺。鼻烟壶除了本身的实用性外，还能作为礼品赠送他人。

图4－61 鼻烟壶（1）

图4－62 鼻烟壶（2）

伍·农工百艺

图5－1 景泰蓝

北京历史悠久，并且长期作为军事重镇、边防要塞，这些都使得北京城具备了多元化的城市功能，既是政治文化中心，同时也是军事中心，因此在很多方言文化现象中都能看到京师文化和军旅文化的自然融合。

北京的城市定位决定了农业生产并不是其承载的主要功能，相反，作为大型城市，北京自明清以来手工业、商业等相对比较发达，尤其是商业，形成了特有的老字号文化。

一　农事农具

地 [ti⁵¹]

在北京管田地就叫作“地”，种田就是种地，耕田就是耕地。北京周边山区较多，许多农田都是在山坡上开垦出来的。在一些地比较少的村子，人们经常会在自家房屋旁边开垦。

图5－2 地

图5－3 地里的作物

碾子 [niɛn²¹tsɿ⁰]

在过去，碾米、推面都离不开“碾子”。碾子多用人推或用牲畜拉，碾盘和碾磙子上都刻有纹理，这样能将粮食碾压得更为细碎。大多数农村的石磨、碾子等都是公用的，一条街上可能有好几个。如果某一家要用，要提前用炊帚放到碾盘上占位子，意思是这一台有人要用。所以有俗语道：“一把笤帚占个碾子。”形容不称职的人把持着重要的岗位。

图5－4 碾子

图5－5 石磨

磨 [mo⁵¹]

“磨”也是用来粉碎粮食的石质器具，由两个圆柱形石头做成，下面的固定不动，上面的可以用人推或牲畜拉。上面石头有一到两个洞，可将粮食从中放入，粮食放入后随着磨盘的转动而从内向外移，在此过程中被上下有纹理的石头磨碎，形成粉末。

槽 [ts^hau^{35}]

用于盛放牲畜饲料或牲畜饮水的长方形器具。有石头的，也有木头的。

图5－6 石槽

图5－7 板儿车

图5－8 手推车

板儿车 [pɐr^{21}tʂ^{h}ɤ^{55}]

“板儿车”是一种简易的拉货用车辆，可由人拉动，也可由牲畜拉动，因其主要由两个轮子上架一个平板构成而得名。

手推车 [ʂou^{21}t^{h}uei^{55}tʂ^{h}ɤ^{55}]

“手推车”就是独轮车，是一种轻便的载具。因为只有一个车轮，所以能通过极窄的路面，非常方便，但推车人必须有熟练的保持平衡的能力。在两个车把之间，通常会有一个“车襻”，推车时搭在肩上。手推车一般只需一个人在后面推，但当载物较多时，前面也可同时有人用带子拉车。

簸箕 [po^{51}tɕi^{0}]

“簸箕”是一种扬米去糠的用具，多为铲形。将粮食放在其中，上下抖动，粮食的皮或糠就被风吹走而粮食则落回簸箕中。

图5－9 簸箕

笸箩 [p^{h}o^{21}luo^{0}]

“笸箩”是用篾条等编成的器具，多用来盛放谷物。

图5－10 笸箩

筐 [kʰuaŋ⁵⁵]

一般是用竹条编制，中空，用于搬运、盛放、晾晒蔬菜和粮食。

图5－11 筐

斗 [tou²¹⁴]

“斗”是用来盛、量粮食的器具，有方形的，也有圆形的。斗也是市制容量单位，十斗为一石。

图5－12 斗

升 [ʂəŋ⁵⁵]

“升”也是用来计量的器具，十升为一斗。

板儿锨 [pɐr²¹ɕiɛn⁵⁵]

“板儿锨”有木制的，也有铁制的。木制的板儿锨用于在大锅里翻炒药材、粮食，铁制的板儿锨用来铲土、平整土地等。

图5－13 升

图5－14 木制板儿锨

扬场机 [iaŋ^{35}tʂʰaŋ^{35}tɕi^{55}]

扬场是指把打下来的谷物用器具扬起来，借风力吹掉尘土和糠皮等，剩下干净的粮食。扬场机则是专用于此的大型设备，比人工扬场效率高得多。

图5－15 扬场机

铡刀 [tʂa^{35}tau^{55}]

“铡刀”的主要用途是给牲畜切草料，一般由两部分构成：一个木制的底槽，中间有一条凹槽；还有一把较长的大铁刀，刀的一头固定在底槽一端，另一头有手柄。铡刀由上而下切割，正好能够落到凹槽中，切割稻草很方便。

图5－16 铡刀

图5－17 酿酒用具

图5－18 酒篓子

酿酒 [niaŋ^{51}tɕiou^{214}]

北京的酿酒历史很悠久，尤其是在清朝“康乾盛世”时酿酒技艺得到了极大的提高。

二锅头 [ɚ^{51}kuo^{55}t^{h}ou^{35}]

北京当地最为老百姓熟知的白酒应属“二锅头”了。所谓“二锅头”就是在第二锅烧制时的锅头酒。每烧一锅酒，最先流出的酒叫“锅头”。每一批原料一般可以烧制五到六锅。第一锅出酒后，可把锅中原料取出，经过处理后加入少量的新原料和酵母，再重新发酵，几天后再开始制作第二锅酒，这一次最先流出的酒才是二锅头。老北京人喝二锅头时一般准备一些凉菜下酒，如：花生米、豆腐丝、酱牛肉、拍黄瓜等。尤其是吃饺子时爱喝二锅头，正所谓“饺子就酒，越喝越有”。

酒曲 [tɕiou^{21}tɕ^{h}y^{55}]

“酒曲”是酿制白酒必不可少的原料。酒曲根据外形的不同可分为散曲和块曲。块曲制作起来比较麻烦，但酿出的酒更好喝，使用前要打碎，不能整块使用。

酒糟 [tɕiou^{21}tsau^{55}]

“酒糟”就是酿酒后剩下的残渣，为避免浪费，有时会用它来喂牲口。

图5－19 块曲

图5－20 酒糟

二　手工艺

纺线 [faŋ^{21}ɕien^{51}]

以前做棉布衣物一般需要经过弹棉花、纺线、织布、裁制这几个过程。棉花是不能直接用来纺线的，先要将棉花弹成蓬松的棉花条，然后再用纺车把棉条纺成线。

图5－21 纺车

织布 [tʂʅ^{55}pu^{51}]

线纺好后，需用织布机将其织成各种布料。

图5－22 织布机

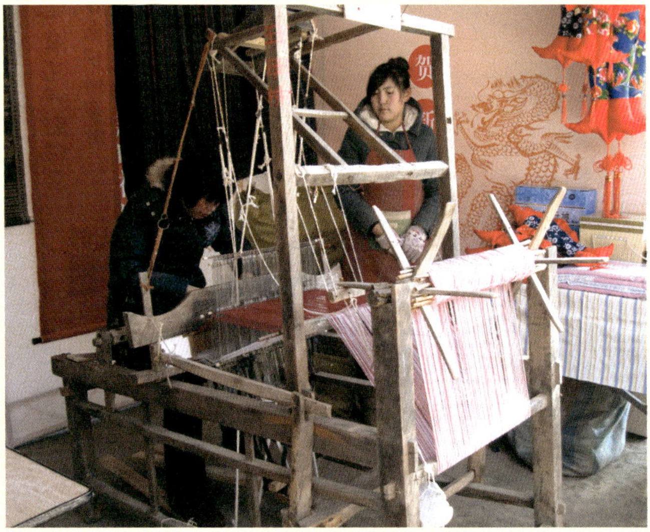
图5－23 织布

图5－24 丝绸

图5－25 蚕丝

丝绸 [sɿ^{55}tʂ^{h}ou^{35}]

“丝绸”是以蚕丝为原料的织品，是高档服饰的常用面料。用丝绸制成的服饰雍荣华贵，大方得体，深受人们喜爱。

蚕丝被 [ts^{h}an^{35}sɿ^{55}pei^{51}]

“蚕丝被”据说具有一定的保健功能。随着人们生活水平的不断提高，如今越来越多的普通人开始享用这种旧时的高档货了。

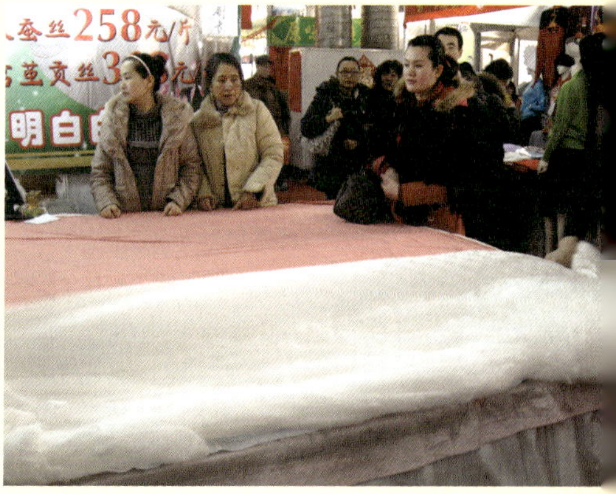

图5－26 蚕丝被

吹糖人儿 [tʂ^{h}uei^{55}t^{h}ɑŋ^{35}zər^{35}]

“吹糖人儿”是北京一个很悠久的行业。小贩们把黏稠的麦芽糖稀放在手上揉成长条，然后从一端开始吹，边吹边捏，能吹出各种形状，比如孙悟空、十二生肖等。吹好后稍微放置一会儿，待其变硬后卖给围观的人们。因为糖人儿好看、好玩，吃起来又甜，所以深受小孩子们的喜爱。以前在胡同儿里，经常能看见一群小孩围着吹糖人儿的，而现在只能在逛庙会时或在一些旅游景点才能看到了。因为糖人儿主要靠吹，所以北京人常以“吹糖人儿的出身——好大口气”来讽刺爱说大话、喜欢吹牛的人。

图5－27 吹糖人儿

图5－28 糖人儿

图5－29 捏面人儿

图5－30 面人儿

图5－31 泥人儿（1）

图5－32 泥人儿（2）

捏面人儿 [niᴇ^{55}miɛn^{51}zər^{35}]

“捏面人儿”原料用的是江米面，在面里调进不同的颜色，用手和成面团，再捏出各种栩栩如生的形象。通常和面时会加入蜂蜜，这样面人儿做好后不容易裂开。相传北京的面人儿最早是宰相刘罗锅（刘墉）从家乡带过来的，因为献给乾隆皇帝并获得赞许才在北京城内流传开来。

泥人儿 [ni^{35}zər^{35}]

“泥人儿”是一种古老的民间手工艺形式。它以泥土为原料，手工捏制。北京的泥人儿工艺多由外地传入，比较有名的如天津泥人儿张。

景泰蓝 [tɕiŋ^{21}t^{h}ai^{51}lan^{35}]

“景泰蓝”是北京当地著名的传统工艺品。它的制作流程是在铜胎上焊接软铜丝掐成的花纹，再把彩釉涂在花纹中间，最后烧制而成。因为在明朝景泰年间制作工艺达到最高水平，并且大多数产品都选用孔雀蓝色，所以民间就把这种工艺品叫作“景泰蓝”，并流传至今。有一种传说，最早的景泰蓝诞生于元朝一次宫廷大火中，因多种宝物被烧化并融在一起，冷却后形成了精美的景泰蓝工艺品。

图5－33 景泰蓝铜胎

图5－34 掐丝

图5－35 大型景泰蓝

图5－36 雕漆

图5－37 雕漆屏风

图5－38 雕漆小玩意

雕漆 [tiau^{55}tɕ^{h}i^{55}]

北京的“雕漆”非常有名。雕漆时先要在胎体上涂漆，以朱红色漆比较常见，再就是黑、黄、绿各色漆。漆要涂很多层，最多的能达到上百层，涂完一层晾干后才能涂第二层，每天最多涂两层，因此非常耗时。漆涂好后，再用刀在漆上雕刻出各种精美的图案。

图5－39 根雕

根雕 [kən^{55}tiau^{55}]

“根雕”就是以树根为原料，用刀具在上面雕刻出各种图案。因为树根都是天然长成的，无法随意制作，所以根雕讲究“三分人工，七分天成”。

绒鸟儿 [ẓuŋ^{35}niaur^{214}]

“绒鸟儿”是用蚕丝绒制作而成的，除了鸟的形象外，花、虫、走兽等形式也比较多见。北京的绒鸟儿制作工艺已有三百多年的历史。

图5－40 绒鸟儿

图5－41 沙燕儿风筝（1）

图5－42 沙燕儿风筝（2）

沙燕儿 [ʂa^{55}iɐr^{51}]

“沙燕儿”就是沙燕儿风筝。沙燕儿风筝是北京最有特色的风筝类型，也叫京燕儿风筝，具体形式包括肥燕、瘦燕、比翼燕、雏燕等。沙燕儿风筝看上去像一个“大”字，燕子的眉梢上挑是一个突出的特点。

图5－43 制作宫毯的工具

宫毯 [kuŋ^{55}tʰan^{214}]

“宫毯”制作是极富宫廷特色的地方手工艺形式。它兴起于元代，据说在清代又吸收了西藏工匠的制作技艺，因过去专为皇室提供产品，所以叫宫毯。

剪纸 [tɕiɛn^{35}tʂʅ^{214}]

“剪纸”是传统女红的一项重要技能。在各种民俗节日来临时，人们用剪刀将红纸剪成各种各样的吉祥图案，比如鲤鱼（象征财富），娃娃、葫芦、莲花（象征多子多孙），然后把它们贴在窗上、门上，为节日增添喜庆气氛。

图5－44 剪纸

图5－45 纳鞋底儿

纳鞋底儿 [na^{51}ɕiE^{35}tiər^{214}]

“纳鞋底儿”在以前可以算得上是最重要的女红技艺了。以前一般人家都不出去买鞋，穷人家更是买不起，因此都要靠自己缝制。纳鞋底儿是做鞋的关键环节，鞋底儿好不好直接决定鞋子是否结实耐磨，穿起来是否透气舒适。

药铺 [iɑu^{53}p^{h}u^{51}]

以前人们对“药铺”和药店分得可是绝对清楚，卖中药的是药铺，卖西药的是药店。进入药铺，迎面扑来的是一股中草药气味，里面通常有老中医坐诊，医生望闻问切后给病人开出方子。中药制作是一项有着深厚历史底蕴和复杂流程的工艺，从准备原料到存储、加工、制作都有规范的流程和标准，常用的器具和原料包括碾碌子、药臼、银锅、珍珠等。北京著名的药铺有同仁堂等。

图5－46 中药药柜

碾磙子 [nien^{35}kuən^{21}tsɿ^{0}]

药铺里的“碾磙子”是专门用来把中草药碾碎的器具。

图5－47 碾磙子

图5－48 药臼

图5－49 银锅

图5－50 珍珠（中药原料）

图5－51 铜人（找穴位用）

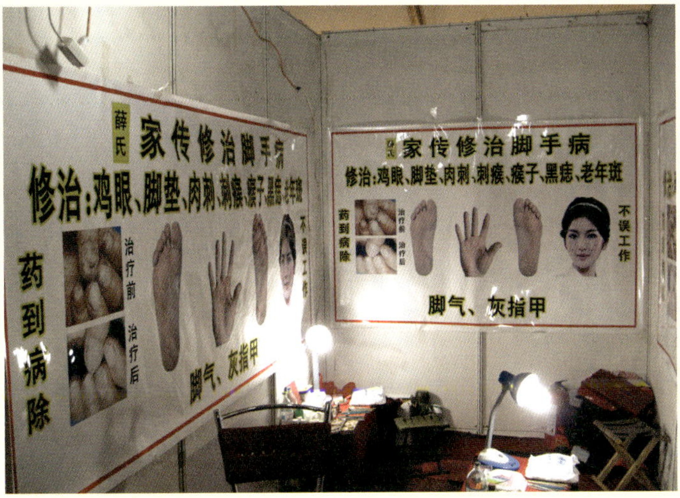

图5－52 修脚铺

修脚 [ɕiou^{55}tɕiau^{214}]

修脚也是一门传统医术，除了修剪脚指甲、削去脚上的茧子等之外，还可以通过按摩推拿起到保健的作用。

料器 [liau^{53}tɕʰi^{51}]

“料器”制作是以玻璃为原料，通过高温烧制加热使其熔化，在冷却过程中进行塑形的一种手工艺。北京的料器制作工艺水平很高，仿玉制品几乎可以达到乱真的地步。成品有鸟兽、花果、人物等形式。

塑料编花儿 [su^{53}liau^{51}piɛn^{55}xuɐr^{55}]

将塑料制品裁剪加工后编出各种形式的工艺品。

图5－53 料器制作

图5－54 塑料编花儿

补花儿 [$pu^{21}xuɑr^{55}$]

用彩布裁剪出各种图案，然后将其缝制在其他用品（如枕头、被单、桌布）上。

图5－55 补花儿（1）

图5－56 补花儿（2）

三　商业

大栅栏 [ta^{51}ʂʅ^{0}lɐr^{51}]

“大栅栏”是前门外一条著名的商业街。从明代至今经过数百年的发展，这里聚集了众多老字号商铺。之所以叫这个名字，据说是在明代为了维护夜间治安，在很多街巷道口由民间出资设置木栅栏，而廊房四条附近的栅栏由于是商贾出资建造，所以修得特别高大，后来此地逐渐被百姓用“大栅栏”来指称。

图5－57 大栅栏

图5－58 鲜鱼口儿

鲜鱼口儿 [ɕiɛn^{55}y^{35}k^{h}our^{214}]

“鲜鱼口儿”是跟大栅栏东西相对的另外一条商业街。有一副关于北京民间著名地点的对联“花市草桥鲜鱼口，牛街马甸大羊坊”里面就提到了鲜鱼口儿。据传当年此处与运河连通，有很多卖鱼的在此处谋生，所以叫鲜鱼口儿。如今这里汇聚了许多著名的老字号。

招牌 [tʂau^{55}p^{h}ai^{0}]

“招牌”是挂在店铺门外的标志性牌子，也叫店标。招牌有竖着的，也有横着的。以前的酒店多用旗子招徕顾客，这种旗子称为“门幌子”。

老字号 [lau^{21}tsɿ^{53}xau^{51}]

北京城内有许多历史悠久、口碑极佳的商业老品牌，被称为“老字号”。“头顶马聚源、身穿瑞蚨祥、脚踩内联升”就是对几家老字号商业店铺的最佳写照，意思是要想穿着打扮上档次，那就要买马聚源的帽子、瑞蚨祥的衣服、内联升的鞋子。

图5－59 牌匾招牌

图5－60 瑞蚨祥

八大祥 [pa^{55}ta^{0}ɕiaŋ^{35}]

“身穿八大祥，腰缠四大恒”说的是穿“八大祥”牌子的衣服，那才叫体面。八大祥是指八家服装老字号，它们位于前门和大栅栏一带，包括：瑞蚨祥、瑞生祥、瑞增祥、瑞林祥、益和祥、广盛祥、祥义号、谦祥益。

瑞蚨祥 [ʐuei^{51}fu^{35}ɕiaŋ^{35}]

“瑞蚨祥”绸布店开业于清光绪年间，为旧京“八大祥”之首。

谦祥益 [tɕ^{h}iɛn^{55}ɕiaŋ^{35}i^{51}]

“谦祥益”也是“八大祥”之一，始建于清道光年间，后来发展成全国规模最大、经营品种最全的丝绸专营店。可惜在八国联军入侵北京时，前门谦祥益老号被烧毁，现在前门外大街的店面是重建的。

图5－61 谦祥益（1）

图5－62 谦祥益（2）

图5－63 祥义号

祥义号 [ɕiaŋ^{35}i^{53}xau^{51}]

“祥义号”绸缎店创建于清光绪年间。据说祥义号把宫廷用丝绸品引入民间，广受欢迎，于是在清末民初时成为京城“八大祥”之一。

内联升 [nei^{51}liɛn^{35}ʂəŋ^{55}]

老北京有老话说：“爷不爷，先看鞋。”穿的衣服再鲜亮，只要鞋子没档次，那就掉价了。“内联升”可算得上是京城首屈一指的鞋店了，而且他们家的鞋并不只走高端路线，上至文武百官，下到拉车的车夫，都能在内联升买到合适的鞋子。

图5－64 内联升

图5－65 步瀛斋

步瀛斋 [pu^{51}iŋ^{35}tʂai^{55}]

“步瀛斋”鞋店的名号带有浓郁的书香气，“千层底儿”布鞋是其主打产品。

馆子 [kuan^{21}tsɿ^{0}]

“馆子”就是餐馆，下馆子就是在外面请客吃饭。以前北京的餐馆从小到大可分不同等级。规模最小的是包子铺、饺子铺、馄饨铺等品种单一的店铺。规模稍大一点的是“二荤铺”，这也是一般老百姓下馆子吃饭的地方，二荤一般是指猪肉和羊肉。规模再大的餐馆，多用“轩”命名，在这里能品尝到特色菜。而以“楼、春、居”等命名的就是中等规模的饭庄子了。规模最大的是大饭庄子，常有几个大院子，能容纳几十上百桌客人，还有戏台可以看戏，通常叫某某堂。

北京以前最著名的饭庄包括：八大堂、八大居、八大楼、八大春。

1. 八大堂：惠丰堂、聚贤堂、福寿堂、天福堂、会贤堂、福庆堂、庆和堂、同和堂。
2. 八大居：前门外福兴居、万兴居、同兴居、东兴居，大栅栏万福居，菜市口广和居，西四同和居，西单砂锅居。
3. 八大楼：东兴楼、泰丰楼、致美楼、鸿兴楼、正阳楼、庆云楼、新丰楼、春华楼。
4. 八大春：芳湖春、东亚春、庆林春、淮阳春、新陆春、大陆春、春园、同春园。

图5－66 都一处

都一处 [tu^{55}i^{35}tʂ^{h}u^{51}]

“都一处”虽然只是一个卖烧卖的馆子，但却是北京一个很著名的字号，它的出名是因为跟皇帝搭上了边。据说当年乾隆正月初二出宫私访溜达到前门大街时，一般的店家十五之前都不开张，只有一家营业，于是乾隆就进去吃饭，吃得高兴便跟掌柜的聊起天来，当得知小店没有名号时，一时兴起便赐名“独一处”，表示就这一家。后来在清末又被店家改为“都一处”，意思是全北京仅此一处。

天福号 [t^{h}iɛn^{55}fu^{35}xɑu^{51}]

关于“天福号”的来源，据说在乾隆年间，一个山东人在西单牌楼东拐角开了专门卖酱肘子、酱肚的小店，后来有一次店主在小摊上无意间看到了写有“天福号”三个大字的牌匾，店主喜好书法，认为字写得很有功底，并有吉祥之意，于是买来做了招牌。果不其然，从此生意红火，门庭若市。

图5－67 天福号

图5－68 吴裕泰

图5－69 荣宝斋

吴裕泰 [u^{35}y^{53}t^{h}ai^{51}]

“北有吴裕泰，南有张一元。”吴裕泰和张一元都是北京比较著名的茶庄，旧时一个在城北，一个在城南。关于吴裕泰，据说当年安徽歙县一个吴姓老先生将老家的茶叶带到北京，没想到非常受大家的欢迎，而当时在北京城内尤其是满汉混居的地方人们品茶成风，所以吴老先生就红红火火地做起了茶叶生意。

荣宝斋 [ʐuŋ^{35}pɑu^{21}tʂai^{55}]

“荣宝斋”迄今已有三百多年的历史，因为收藏了很多书画珍品，所以被称为“民间故宫”。此外，荣宝斋独有的木板水印复制工艺集绘画、雕刻和印刷为一体，享誉海内外。

中国书店 [tʂuŋ^{55}kuo^{35}ʂu^{55}tiɛn^{51}]

“中国书店”是解放后最早成立的经营古书文献的老国营企业，在那里能买到许多古旧书刊、碑帖拓片等。中国书店还常为读者补配残书和单年单卷的报刊。

图5－70 中国书店（1）

图5－71 中国书店（2）

图5－72 货郎担子

货郎担子 [xuo^{51}lɑŋ^{35}tan^{51}tsɿ^{0}]

以前在胡同里经常有货郎挑着担子走街串巷叫卖，货郎叫卖时会摇鼓发声通知大家出来购买，鼓点节奏是“咚咚，咚咚，咚咚咚”。待人们上前购买时，鼓点就成为“咚咚咚咚，咚咚咚咚”。现在“货郎担子”已从人们的生活中消失了。

戥子 [təŋ^{21}tsɿ^{0}]

“戥子”是专门用来称金银珠宝及贵重中药材的小型杆秤。

裁缝 [tsʰai^{35}fəŋ^{0}]

旧时“裁缝”又称“一手落”，主要是指量体、裁剪、缝纫等全都由一个人完成，而不是多人分工合作。

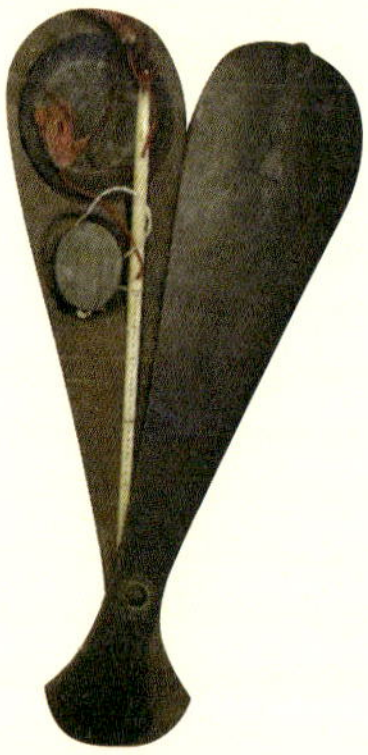

图5－73 戥子

保险箱 [pau^{35}ɕiɛn^{21}ɕiaŋ^{55}]

一些比较大的商号通常会设有专门的“保险箱”保管贵重物品。

图5－74 保险箱

账本儿 [tʂaŋ^{51}pər^{214}]

记账对商业活动来说是非常重要的，大型商号通常都会有专人负责管理“账本儿”，而在一些规模较小的商铺里，一般都是由掌柜的亲自负责记账。

图5－75 账本儿

大观楼 [ta^{51}kuan^{55}lou^{35}]

始建于清末的大观楼是中国电影的诞生地。1905年，民族实业家任庆泰先生为庆贺京剧艺术大师谭鑫培先生60大寿，二人合作摄制了中国第一部戏剧影片《定军山》。《定军山》同年在大观楼放映，标志着中国电影的诞生。

图5－76 大观楼

图5－77 拍摄《定军山》的木壳摄影机仿制品

摄影机 [ʂɤ^{51}iŋ^{21}tɕi^{55}]

最早用摄影机拍摄的国产电影是《 定军山 》。

信柜 [ɕin^{53}kuei^{51}]

信柜就是邮局。从清代开始出现了代办邮政业务的私人店铺，称为邮政信柜。这些私人店铺收受附近居民信件并负责投递，在信件上会加盖本店的邮戳，称为信柜戳。

图5－78 信柜

图5－79 旧式邮筒

图5－80 三轮车

三轮儿 [san^{55}luər^{35}]

就是人力三轮车，如今在北京许多旅游景点都有这样的车专门拉游客。

铜铁锡鼓 [t^{h}uŋ^{35}t^{h}iE^{21}ɕi^{55}ku^{214}]

"铜铁锡鼓"是以前在胡同里修理金属器具的匠人招揽生意的响器。

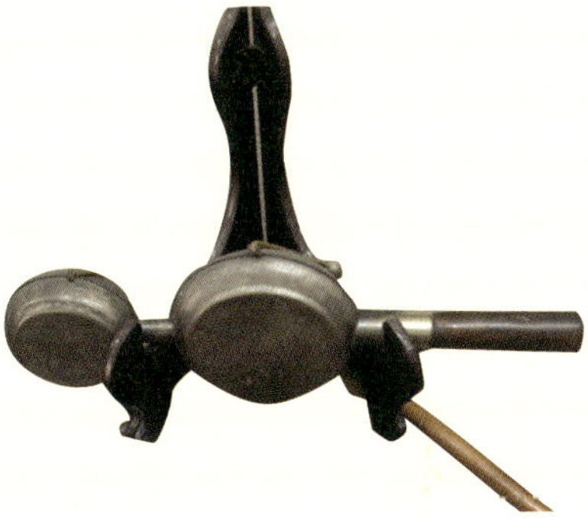

图5－81 铜铁锡鼓

豆腐梆子 [tou^{51}fu^{0}paŋ^{55}tsɿ^{0}]

卖豆腐的小商贩专用的招揽生意的响器。

图5－82 豆腐梆子

敲锣 [tɕ^{h}iau^{55}luo^{35}]

旧时卖糖（主要是麦芽糖）的商贩主要靠"敲锣"来招揽顾客。俗话说："敲锣卖糖，各干一行。"

图5－83 锣

图5－84 药匣子

图5－85 剃头挑子

药匣子 [iɑu^{51}ɕia^{35}tsɿ^{0}]

走街串巷的行医人随身携带的箱子，盛放各种药品和行医工具等。

剃头挑子 [tʰi^{51}tʰou^{35}tʰiɑu^{55}tsɿ^{0}]

以前很少有专门的理发店，人们理发除了去固定的剃头棚儿，还可以让挑着“剃头挑子”走街串巷的剃头匠理发。剃头挑子的一头是上窄下宽的小木柜，既可以当座位，又可以装各种工具，而另一头则是温水用的小火炉，所以有“剃头挑子一头热”的说法。还有一个物件是剃头匠必备的，这就是唤头，剃头匠用唤头发声来招揽生意，而不是靠吆喝。另外，剃头匠还要掌握掏耳朵、剪鼻毛、修胡须甚至按摩头颈肩的技术，以便为顾客提供全套服务。

房捐 [faŋ^{35}tɕyɛn^{55}]

就是旧时的房产税。过去让各家各户交税、交水电费之前会发通知，交完钱之后会给票据证明。

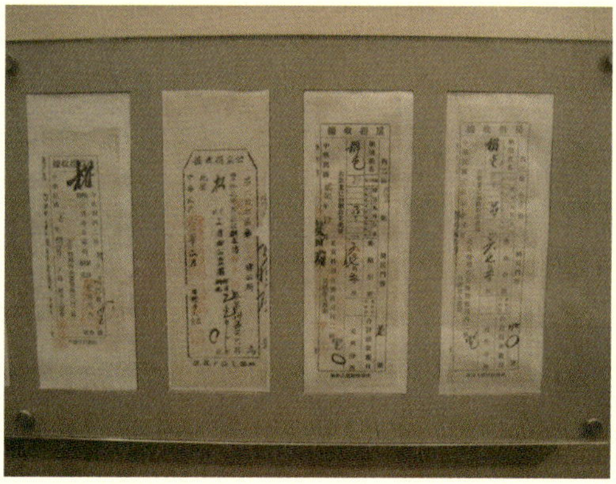
图5－86 房捐收据

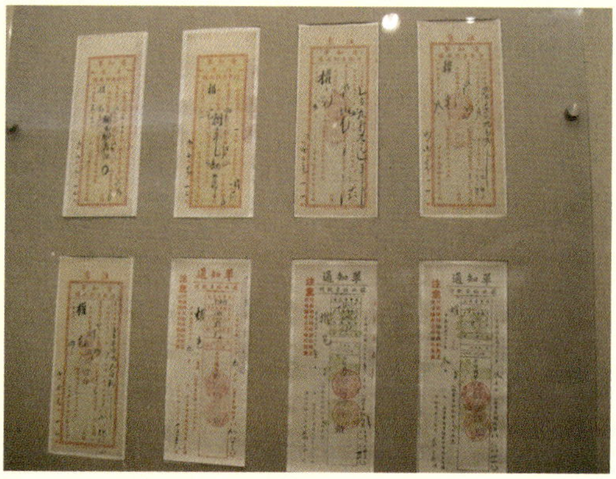
图5－87 电费通知单

广告 [kuaŋ^{21}kau^{51}]

老北京有各种各样的广告方式。

吆喝类：这是最古老的一种，早上卖烧饼、麻花、包子，白天卖鲜鱼、蔬菜、瓜果，傍晚卖硬面饽饽、羊头肉，都有独特的吆喝方式。

敲打类：卖油的敲油梆子或小锣；卖针线等女红用具的多摇拨浪鼓。

幌子类：例如客栈外挂一个竹编笊篱。

图画类：通常在店两侧或山墙上等醒目的地方绘制图案，例如卖剪子的画剪子，卖鞋帽的画鞋帽等。

文字类：直接以文字形式简单明了地说明营业内容。

招牌类：多以米粮店和中药铺最为常见。

门匾类：多为规模较大的商号所用。

姓氏类：例如“小肠陈”“爆肚王”“白魁羊肉”等。

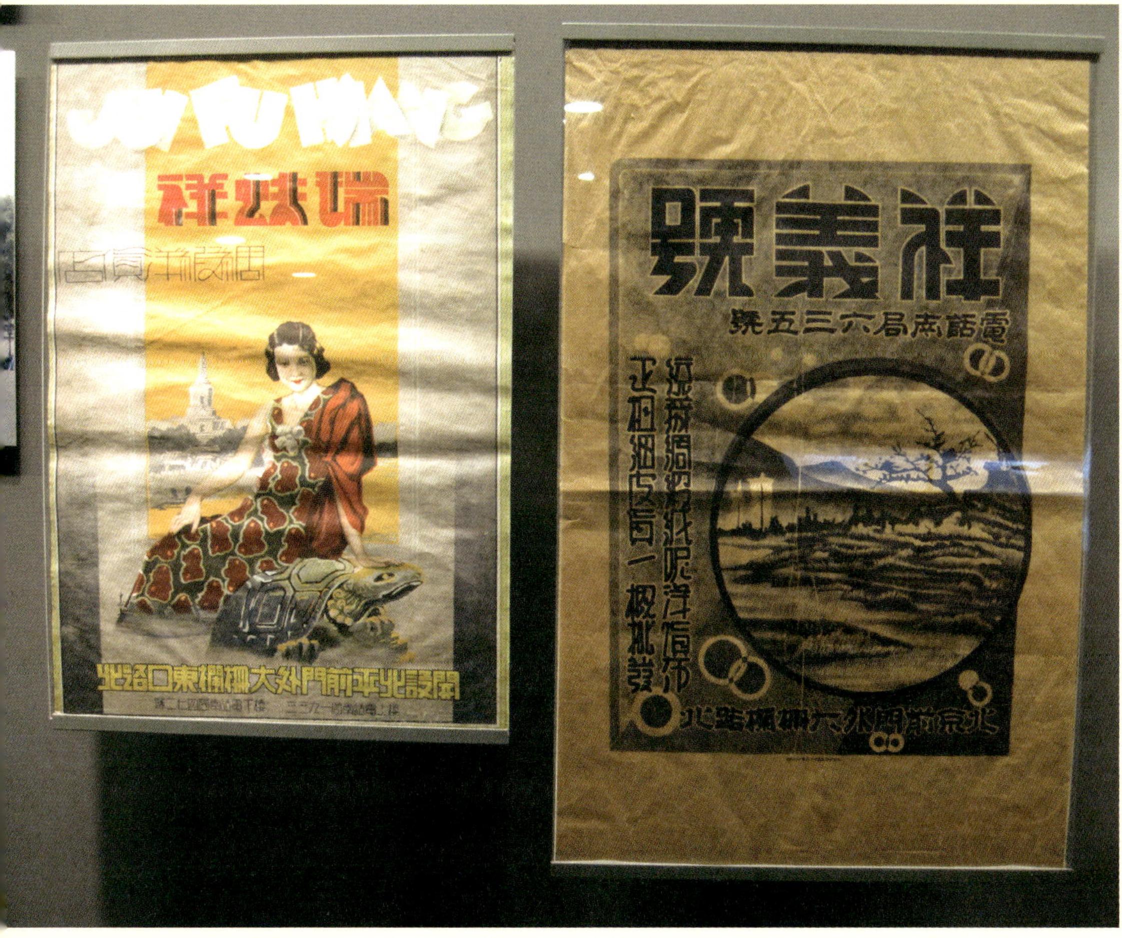

图5－88 旧时广告画

图5－89 客栈

图5－90 路边小摊儿

客栈 [k^{h}ɤ^{53}tʂan^{51}]

专供长途旅行者休息过夜的旅店。

小摊儿 [ɕiɑu^{21}t^{h}ɐr^{55}]

“小摊儿”的经营规模很小，多在路边临时搭建而成。

书摊儿 [ʂu^{55}t^{h}ɐr^{55}]

专门售卖书籍的小摊儿。

图5－91 书摊儿

图5－92 菜摊儿

图5－93 夜市

菜摊儿 [ts^{h}ai^{51}t^{h}ɐr^{55}]

专门卖蔬菜的路边小摊儿，以早市居多。

夜市 [iᴇ^{53}ʂʅ^{51}]

随着经济的发展和人们夜生活的增加，近些年出现了许多专门在晚间经营的商店和在路边做买卖的小摊儿。

图5－94 庙会（1）

图5－95 庙会（2）

庙会 [miɑu^{53}xuei^{51}]

“庙会”是民间广为流传的一种传统民俗活动，最初是为了庆祝各种宗教节日，因为人员密集，特别有利于做买卖，所以很多经营展示性活动便在庙会上出现了。北京的庙会在全国可以说是最丰富的。庙会主要分布在寺庙周围，如白云观、东岳庙，也有不因庙设会的，比如龙潭湖、厂甸等。其中，厂甸庙会的历史更为悠久，它是一种在大街上举办的具有很大开放性的文化庙会，亲民性强，很受大众欢迎。在庙会上，有不少祈福求财类的民俗活动，例如：摸石猴、打金钱眼等。在庙会上还有许多文化娱乐活动，多是各类民间艺人进行表演。

以前北京人逛庙会可以算是日常需要，家庭主妇们并不爱去大商场和百货公司购物，而是愿意到庙会上去买东西，因为那里挑选方便，价钱便宜，但现在随着各种超市的不断出现，这种习俗也逐渐改变了。

会启 [xuei^{51}tɕʰi^{214}]

庙会开始之前，各香会通常会在庙门和庙会沿途张贴“会启”，也叫“报单”，主要是起通知宣传的作用，请大家都去参加。

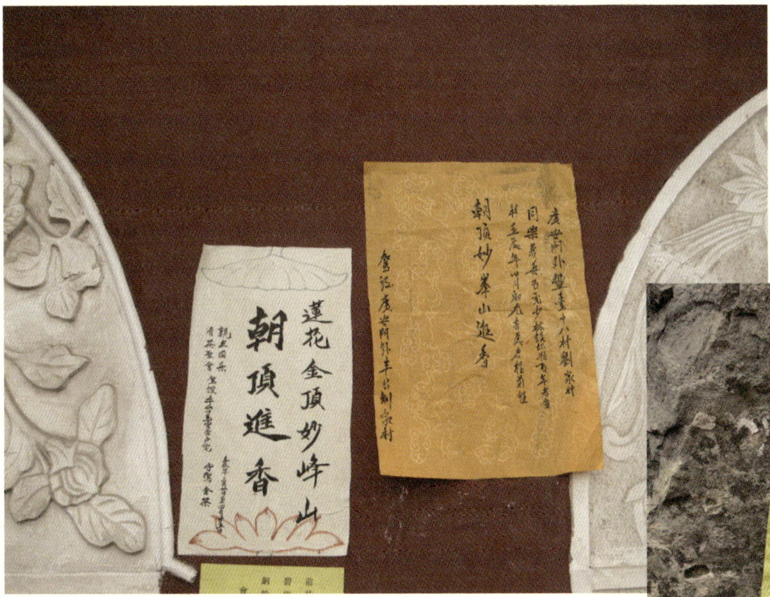

图5－96 会启（1）

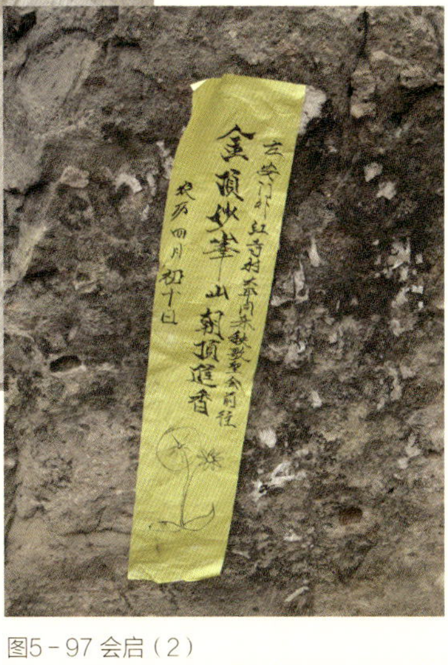

图5－97 会启（2）

文会武会 [uən^{35}xuei^{51}u^{21}xuei^{51}]

按照形式的不同，庙会可分文、武两类，“武会”通常以技艺表演为主，而“文会”则以文会友。例如，创建于清光绪年间的“中国茶文化之北派茶礼”的代表“亲友同乐清茶圣会”，在庙会期间设桌案供大家休息并免费向游客提供茶水，用的是清代保留下来的古董茶具。而“同心向善馒头圣会”则免费向游人提供馒头，据说每天使用的面粉能达到两千多斤，体现了传统的扶贫助困的慈善精神。

图5－98 清茶圣会（1）

图5－99 清茶圣会（2）

图5－100 馒头圣会（1）

图5－101 馒头圣会（2）

陆·人生仪礼

图6－1 发轿迎亲

婚育寿葬，人生仪礼。这些重要的仪式不仅关系到每个人，也关系到每个家庭甚至家族。与其他普通的仪式不同，人生仪礼贯穿于每个人的生命历程，具有高度的象征意义，因此深受重视。北京人做事情历来讲究礼数，自然不会对这几件人生大事有半点马虎，总是尽心竭力将其办得像样、得体，绝不能让旁人挑出毛病来。

一　婚事

出门子 [tʂ^{h}u^{55}mən^{35}tsʅ^{0}]

“出门子”就是姑娘出嫁的意思，也叫“出阁”。老北京专门有顺口溜描写出嫁的场景：“二姑娘二，二姑娘二，二姑娘出门子给我个信儿。搭大棚，贴喜字儿，娶亲太太耷拉翅儿，八团褂子大开气儿，四轮马车双马对儿，箱子匣子都是我的事儿。”

提亲 [t^{h}i^{35}tɕ^{h}in^{55}]

过去男女到了谈婚论嫁之时，男方家里会请媒人向女方家提出结婚的请求，称之为“提亲”。

说媒 [ʂuo^{55}mei^{35}]

“说媒”又叫“做媒”。“天上无云不下雨，地上无媒不成亲”，封建社会老观念是男女授受不亲，谈婚论嫁必须通过媒人从中介绍，男女双方不能自行决定，正所谓“父母之命，媒妁之言”。虽然现代社会婚恋自由，不过请人帮忙介绍仍然是一种重要的方式。

请媒人一般是男方的事，若女方对婚姻有意，也可请人做媒。这样男方请的叫“男媒”，女方请的叫“女媒”。媒人以前又叫“执柯人”，也叫“月老”或“红娘”。民间专门从事此行业的老年妇女叫“媒婆”，现在媒婆少了，可从事媒婆工作的公司和网站越来越多。

择吉 [tsɤ^{35}tɕi^{35}]

择吉就是为婚礼挑选吉日，包括月、日、时等都要事先定好。

婚书 [xuən^{55}ʂu^{55}]

以前在合婚择吉之后，两家要订立正式的婚书，把男女双方的基本情况、办喜事的时间程序等重要信息都写在上面。婚书是一种契约，是男女双方同意缔结夫妻关系的最重要的凭据。现在婚书已经没有了，替代它的是政府颁发的结婚证。

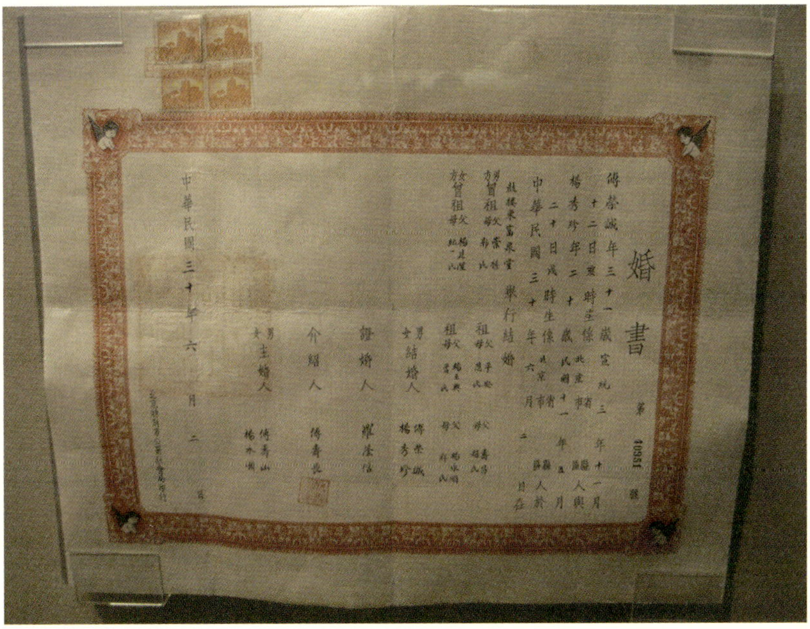

图6－2 婚书

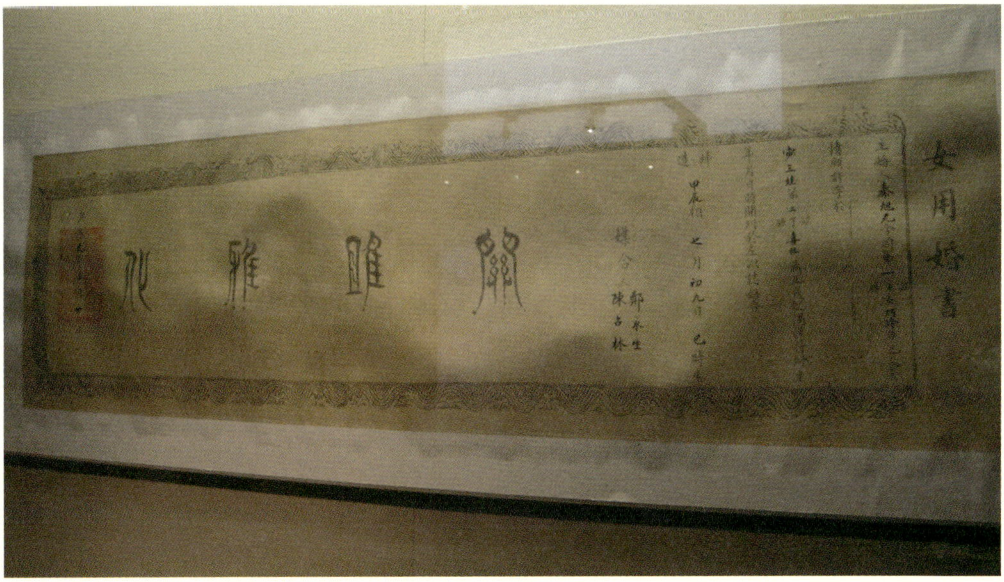

图6－3 女用婚书

定亲 [tiŋ⁵¹tɕʰin⁵⁵]

按民间习俗，结婚前须有定亲仪式，即在双方明确同意缔结婚约后，由双方家长正式见面，并由男方向女方赠送聘礼。定亲是非常重要的一个环节。

放小定 [faŋ⁵¹ɕiau²¹tiŋ⁵¹]

“放小定”也叫“过小帖”。放小定时男方要送给女方一些礼物，礼物无须特别厚重，少量首饰即可，如戒指一对、镯子一对、耳环一对、项圈一个等，上面有时会写有“喜”字，主要是用来作为信物，作用如同现今的订婚戒指。

放大定 [faŋ⁵¹ta⁵³tiŋ⁵¹]

“放大定”又叫“过大礼”。放大定时男方要向女方送厚重的财物礼品，但具体给多少也因人而异。一般要提前婚礼两到三个月就送，在上午举行，正所谓“早礼晚嫁妆”，就是说彩礼要早送，嫁妆要晚给。

图6－4 放大定

彩礼 [tsʰai³⁵li²¹⁴]

“彩礼”也叫“聘礼”。彩礼不仅代表对女方家长含辛茹苦抚养女儿的感谢，也代表了男方的诚意和面子，所以都会弄得风光体面。彩礼必须是双数，表示夫妻二人成双成对，比翼齐飞。此外，每件聘礼都包含吉祥圆满的含义，比如，传统彩礼中一定要有鹅笼，内装白鹅一对，这是非常重要的一种礼品。古代结婚送大雁，因为大雁守时守信，且配偶终身不变，以此象征婚姻坚贞和谐，后来用鹅代雁。此外，常见聘礼还包括绫罗绸缎、金银首饰、被褥、猪牛羊、鸡蛋鸭蛋等。

图6－5 鹅笼

图6－6 梳妆台

图6－7 双喜瓷瓶

图6－8 双喜茶壶

图6－9 双喜装饰盒

过嫁妆 [kuo⁵³tɕia⁵¹tʂuaŋ⁰]

"过嫁妆"就是在女子出嫁时，要把嫁妆从娘家带到婆家去。女方家最迟于婚礼前一天下午将嫁妆送到男方家里，符合早礼晚嫁妆的习俗。嫁妆主要包括家具、摆设、四季衣物、化妆品、日用品、金银首饰等几大类，比如家具中一定会包含一对匣子，用于放置心爱或贵重之物。如果嫁妆太少，一来亏待女儿今后的生活，二来让婆家轻视笑话，因此女方家会尽量把嫁妆准备得丰厚一些，相较聘礼而言，有时甚至只会多不会少。通常一份礼品叫一台，嫁妆多的能达到48台。

图6－10 匣子

图6－11 胭脂盒等化妆用品

图6－12 梳头匣子

图6－13 双喜将军罐儿

梳头匣子 [ʂu^{55}tʰou^{35}ɕia^{35}tsɿ^{0}]

“梳头匣子”带有镜子和多层抽屉，以便于化妆和存放首饰。

双喜将军罐儿 [ʂuaŋ^{55}ɕi^{21}tɕiaŋ^{55}tɕyn^{55}kuɐr^{51}]

因其顶盖像大将军的帽盔而得名。

枕头匣子 [tʂən^{21}tʰou^{0}ɕia^{35}tsɿ^{0}]

“枕头匣子”可以当枕头使用，又因其带有可以锁住的小抽屉，所以也用于放置比较贵重的或私密的物品。

图6－14 枕头匣子

一品当朝 [i^{51}pʰin^{21}taŋ^{55}tʂʰau^{35}]

送礼时礼物上有“一品当朝”文字图案，以此来祝愿对方能够在官场高升。

针线笸箩 [tʂən^{55}ɕiɛn^{51}pʰo^{21}luo^{0}]

装缝纫用具的小笸箩。

图6－15 一品当朝礼盒

图6－16 针线笸箩

迎亲 [$iŋ^{35}tɕ^{h}in^{55}$]

“迎亲”又叫“迎娶”“娶媳妇”，是整个婚礼的一个高潮，由新郎亲自到女方家里迎娶新娘并接回家。迎娶之日，男女双方都要将家里装饰一新，门窗上贴大红双喜字，屋内院内悬挂红布彩绸，门、床、桌子上都要挂喜庆的大红帘子。以前婚宴都是在自己家里办，所以为了招待亲友、宾客，男方要在院子里搭喜棚。

发轿迎娶新娘过去都是在黄昏时分进行，不过现在大都改在上午迎亲了。花轿到女方家的时候，会有女方亲朋好友拦住轿子不让进门，称为“堵门”，目的是要拖延新娘的上轿时间，经过双方斗智斗勇以后，都以给红包后放行告终。花轿来、回的路线不能重复，这叫“不走回头路”。

图6－17 迎亲

图6－18 花轿

图6－19 桌围

图6－20 围帐，枕套

贴喜字 [t^{h}iᴇ^{55}ɕi^{21}tsɿ^{51}]

以前在结婚时男方家里一般贴双喜字，而女方家里只贴单喜字，但现在双方都贴双喜字了。

放鞭炮 [faŋ^{51}piɛn^{55}p^{h}ɑu^{51}]

据说结婚“放鞭炮”最初的意思是祛除女方身上不吉利的东西，后来慢慢发展为只表示喜庆祝福了。

门帘带子 [mən^{35}liɛn^{35}tai^{51}tsɿ^{0}]

结婚办喜事这一天，会在洞房的门口挂绣花门帘，叫作“喜帘”，含有喜事连连的意思。“帘子”还寓意连生贵子。另外，还会在门帘上缝两根对称的带子，具有成双成对、比翼双飞之意。“带子”同样也包含了等待产子的美好祝愿。

喜糖 [ɕi^{21}t^{h}ɑŋ^{35}]

新人结婚时会买很多散装糖果作为“喜糖”，包好后分发给邻居、宾客，在迎娶过程中新娘上轿、新人入洞房时也都要撒喜糖，让大家一起分享甜蜜美好的时光。通常每包装八块喜糖，两两相同，一共四类，称为什锦喜糖。

跨火盆儿 [k^{h}ua^{51}xuo^{21}p^{h}ər^{35}]

新娘喜轿迎到男方家院子里，要从预先摆好的炭火盆儿上慢慢抬过去，一是有避邪的作用，烧去一切不吉利的东西，二是有祝愿的意思，祝今后的日子越过越红火。

图6－21 火盆儿

跨马鞍 [k^{h}ua^{51}ma^{21}an^{55}]

花轿经过火盆后，落脚处放一个马鞍，新娘下轿后从上迈过，表示平平安安。新娘脚不能碰到地面，所以前行时，要么踩着地毯进屋，要么由两人把两块红毡铺在地上，走过一块就把后面一块挪到前面，交替循环，一直进入屋内。

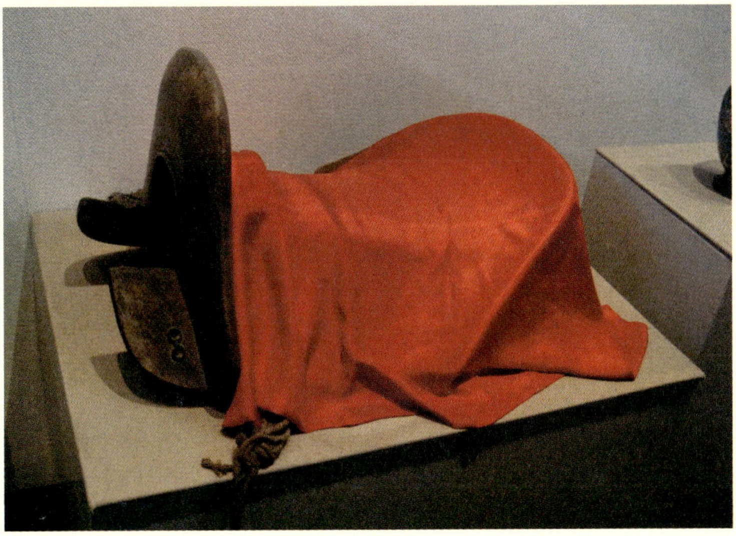

图6－22 马鞍

图6－23 红盖头

图6－24 花烛

拜堂 [pai^{51}t^{h}ɑŋ^{35}]

“拜堂”又称拜天地，是传统婚礼中最重要的大礼，拜堂之后就正式成为夫妻。新郎、新娘进门后接着就要拜堂。一拜天地，二拜高堂，夫妻对拜。参加拜堂仪式的人员，包括新郎新娘、新郎新娘父母、主婚人等都要佩戴红花和胸标，新娘身穿红衣红裤，头上罩着红盖头（盖头要入洞房后由新郎揭开）。所有用品，大到车轿，小到花烛，颜色均以红色为主，不是红色的也得有喜字。拜堂时鞭炮齐鸣，众人齐声道贺，热闹非凡。

入洞房 [ʐu^{53}tuŋ^{51}faŋ^{35}]

新人拜堂礼毕便要“入洞房”，洞房也叫新房。在洞房中夫妻二人要喝交杯酒，还要吃子孙饽饽（饺子）和长寿面。在吃的过程中，众人会问：“生不生”？新娘一定要回答：“生！”表示早生贵子。

图6－25 婚床

图6－26 洞房里的衣柜

闹洞房 [nau^{53}tuŋ^{51}faŋ^{35}]

“闹洞房”一般在迎亲的当天晚上进行，多由年轻人参与，新郎新娘甚至是新郎父母都会被戏耍。北京有“三日无大小”的说法，而老人们也有“越闹越发，不闹不发”的观念。因此闹洞房时热闹异常，无论如何闹，新人都不能生气。闹洞房的风俗源自古代驱邪避灾的说法，意思是众人闹过的洞房鬼怪待不下去，因此这一风俗一直流传下来。不过现在闹洞房的方式已经越来越文明了。

回门儿 [xuei^{35}mər^{35}]

一般在婚礼举行后的第三天，新娘要回娘家探视父母并与亲戚朋友见面行礼，这就是“回门儿”。女婿也会携礼品，随新娘一起返回娘家。中午娘家会设宴款待新婚夫妇，但新郎新娘不在娘家过夜，当天返回。至此，整个婚礼才可以说正式落幕。

回礼 [xuei^{35}li^{214}]

“回礼”是在办完婚礼之后的一段时间内，新郎新娘去一些参加了自己婚礼的亲戚朋友家赠送礼物。

二　生育

报喜 [pau^{51}ɕi^{214}]

孕妇经过十月怀胎顺利生产后，丈夫要尽快赶到妻子娘家“报喜”。

洗三儿 [ɕi^{21}sɐr^{55}]

“洗三儿”是指婴儿出生后第三天给其洗澡的仪式。洗三儿那天亲朋好友都到场视贺，为婴儿祈福。洗三儿是非常重要的传统生育仪式，民间将其视为大吉之礼。同时，这个活动也有为婴儿洁身防病的实际作用。过去洗三儿主要是请产婆到家里替婴儿洗澡。

坐月子 [tsuo^{53}yE^{51}tsɿ^{0}]

“坐月子”是指产妇在生育后的一个月之内要静养，不能做剧烈活动。旧时人们的居住和生活条件远比不上今天，因此对产妇的要求也比较多，比如不能洗澡、不能下地、不能开窗通风等。

过满月 [kuo^{51}man^{21}yE^{51}]

当新生儿出生满一个月的时候，一般人家都会设宴庆贺，希望他能够健康平安、茁壮成长。

过百岁儿 [kuo^{51}pai^{21}suər^{51}]

“过百岁儿”是指婴儿出生满一百天，在这一天会举行百日宴进行庆祝，希望婴儿能健康平安，长命百岁。按照传统做法，在百日这一天会给儿童佩戴长命锁。人们相信只要佩挂上这种饰物，就能避灾去邪，把生命锁住，保护儿童健康平安，因此很早就给

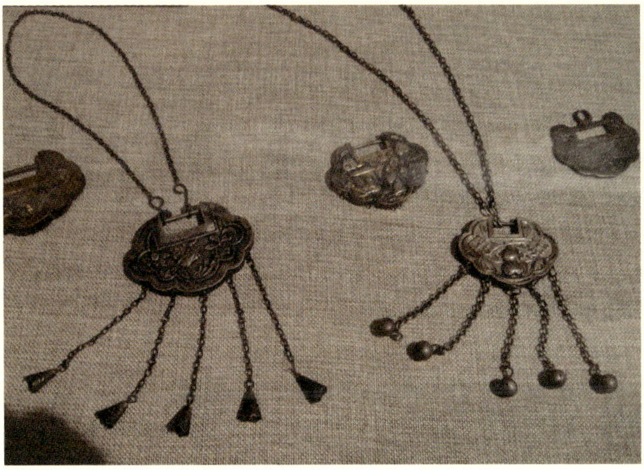
图6－27 长命锁（项链式）

图6－28 长命锁

儿童挂上这种饰物，一直到成年时再摘下。现在的长命锁更多表达的是长辈对晚辈的祝福。此外还有缝制百家衣的习俗，即向街坊邻居讨要零碎布块，缝成衣服给孩子穿。以前人们认为孩子的健康成长需要托大家的福，因此吃百家饭、穿百家衣的孩子好养活。

图6－29 百家衣

抓周儿 [tʂua^{55}tʂour^{55}]

“抓周儿”是民间流传已久的风俗习惯，是在小孩满周岁时举行的一种预测未来职业等的仪式，也带有游戏的性质。抓周儿通常都在中午吃长寿面之前进行，事先准备好抓周的物品：书、笔、墨、纸、砚、算盘、钱币、首饰、花朵、胭脂、吃食、玩具、女红用具等。将这些物品置于一个盘内，把小孩抱来坐在盘前，任其挑选，观察他先抓何物，然后据此来预测他的兴趣、前途和职业。例如，先抓了印章将来可以做官，如果先抓了文具书本今后就是读书做学问，如果先抓算盘将来长大一定善于理财，如果抓到女红用具，就认为她心灵手巧善于持家。抓周儿体现长辈对周岁孩童寄予厚望，希望他将来能够一帆风顺。

图6－30 抓周儿盘

三 祝寿

做寿 [tsuo^{53}ʂou^{51}]

又称“祝寿”，是指晚辈为长辈举办的庆贺生日的活动，一般在逢十的整数年举行，从五十开始，六十、八十要做大寿，五十以下叫过生日。也有种说法是“过九不过十”，就是在整数年的前一年庆贺生日。做寿时的活动繁简不一，依各家条件而定，通常都要摆寿筵，吃长寿面。受邀的亲朋好友会送寿桃、寿联等礼物。寿桃一般用面粉做成，也有用鲜桃的，来源于王母娘娘做寿设蟠桃会的典故。做寿体现了尊老、敬老、爱老的传统美德。

寿堂 [ʂou^{51}t^{h}aŋ^{35}]

如果要举行隆重的做寿仪式就需要精心布置“寿堂”。寿堂正面墙上挂大幅“寿”字，也可挂寿星图。给女性长辈做寿时也可挂麻姑献寿图。堂中设礼桌，礼桌上供福禄寿三星，其中额部隆起的白须持杖老翁为寿星。桌上还会摆放寿盘、寿桃、寿糕及其他水果等。礼桌也有挂红桌围的，桌围上面刺有祝寿图案。地上还会放置红色软垫，供晚辈行礼。

图6－31 寿堂

图6－32 福禄寿三星挂图

图6－33 麻姑献寿图

图6－34 福禄寿三星

福寿盘儿 [fu^{35}ʂou^{51}p^{h}ɐr^{35}]

“福寿盘儿”上有蝙蝠与“寿”字，寓意“福寿”双全。

寿幛 [ʂou^{53}tʂaŋ^{51}]

专门用于祝寿的幛子称为“寿幛”。寿幛通常用的是整幅的绸布，上面绣着祝寿的文字并配有精美的图案。除了寿幛，布置寿堂的常用布料装饰还包括桌围、门帘等。

图6－35 福寿盘儿

图6－36 寿幛

图6－37 贺寿桌围

图6－38 麻姑献寿门帘

柒·岁时节令

图7－1 兔儿爷

北京的传统节日民俗与中国北方其他地区有一定的相似性，但当地的年节习俗仍然具有鲜明的地方特色，比如中秋节特有的自来红、自来白月饼，既是神仙又是玩物的兔儿爷，这些都让老北京的节日风俗异常丰富多彩。

一　春节

过年 [kuo^{51}niɛn^{35}]

“过年”是民间通俗的说法，就是过春节。春节，是中华民族的百节之首，是中国民间最隆重最有特色的传统节日。狭义的春节一般指除夕和正月初一。但对北京老百姓来说，春节从腊月初八便拉开帷幕，一直会持续到正月十五，其中除夕和正月初一是高潮。

正月 [tʂəŋ^{55}yᴇ^{51}]

“正月”是农历一年中第一个月，也有将正月称作“孟春”的。正月里的节日是最多的，传说女娲造物共用了七天，初一造鸡，初二造狗，初三造猪，初四造羊，初五造牛，初六造马，初七造人，所以这七天分别被称为鸡日、狗日、猪日、羊日、牛日、马日和人日，也就是它们的节日。同样，正月里的禁忌也很多：忌剃头，俗话说“正月剃头死舅舅”；忌打碎东西，一旦打碎要赶紧说“碎碎平安”来避免惹来坏运气；新娘忌在娘家过夜，回娘家时晚上必须赶回夫家，正所谓“正月不空房”；服丧之人忌拜年，三年服丧期间，不到别家去拜年，别人一般也不到丧家去；忌吵架，以免惹来一年的口舌是非；忌看病。

腊八儿 [la^{51}pɐr^{55}]

每年农历的十二月（俗称腊月）初八就是腊八儿节，简称“腊八儿”。从这一天开始，人们就该为过年做准备了。北京有歌谣唱道：“小孩儿小孩儿你别馋，过了腊八儿就是年；腊八儿粥，喝几天，哩哩啦啦二十三；二十三，糖瓜粘；二十四，扫房子（或写大字）；二十五，冻豆腐；二十六，割猪肉；二十七，宰公鸡；二十八，把面发；二十九，蒸馒头；三十晚上熬一宿；大年初一扭一扭。”

腊八儿粥 [la^{51}per^{55}tʂou^{55}]

旧时腊八儿这一天，上至宫廷，下至百姓，一定要喝“腊八儿粥”。许多寺庙在这一天也会施舍腊八儿粥。此外，腊八儿粥里的食材一般不少于八种，主要是五谷杂粮。著名的雍和宫腊八儿粥，除了江米、小米等粮食外，还有羊肉丁和奶油，上面还撒有红枣、桂圆、核桃仁、葡萄干、瓜子仁、青红丝等。

图7－2 腊八儿粥

图7－3 腊八儿粥原料

腊八儿蒜 [la^{51}per^{55}suan^{51}]

腊八儿这一天通常要开始制作“腊八儿蒜”，以便在除夕晚上吃饺子时食用。“蒜”和“算”同音，以前腊八儿这一天北京商家会将一年的总账算清，然后债主就开始催债了，要求年底前结清。正如北京民谚所说：“腊八儿粥、腊八儿蒜，放账的送信儿，欠债的还钱。”这也是为何腊八儿蒜一般都是各家自己做，而不会当街售卖的原因。如果沿街叫卖，那路人听起来好像讨债，估计就没有人买了。

图7－4 腊八儿蒜

过小年儿 [kuo^{51}ɕiau^{21}niɐr^{35}]

腊月二十三“过小年儿”，这一天又叫“祭灶日”，主要活动是做糖瓜和祭灶。从这一天开始，正式进入忙年的阶段。有民谣道：“糖瓜祭灶，新年来到；姑娘要花，小子要炮；老头儿要顶新毡帽，老太太要件新棉袄。”“二十三，祭罢灶，小孩拍手哈哈笑。再过五六天，大年就来到。避邪盒，耍核桃，滴滴点点两声炮。五子登科乒乓响，起火升得比天高。”

祭灶 [tɕi^{53}tsau^{51}]

灶王爷传说是玉皇大帝封的“九天东厨司命灶王府君”，主管各家的饮食和灶火。民以食为天，所以“祭灶”便成为民间非常重要的一项习俗。以前家家户户都在厨房设有灶王爷的神像或牌位，还会在墙上贴灶王爷画像，有时还有灶王奶奶的画像。腊月二十三过小年时，人们用糖瓜供奉灶王爷，并将挂了一年的画像揭下来烧掉，烧之前还要在灶王爷嘴上抹一点糖，目的是为了让他上天向玉皇大帝汇报此人家一年的善恶行为时多说好话。正月初一再贴一幅新画像，将灶王爷请回来。祭灶只能是男人的事，女人是不能参加的。

图7－5 糖瓜

图7－6 灶王牌位

图7－7（灶王爷、灶王奶奶）画像印板

图7－8 窗花儿（1）

图7－9 窗花儿（2）

扫房子 [sau^{21}faŋ^{35}tsɿ^{0}]

“扫房子”就是过年之前家家户户要彻底打扫卫生，以往清扫不到的犄角旮旯儿，屋顶窗户都要打扫干净，以除旧迎新。然后在整洁的门窗上贴春联、贴年画、糊窗花儿等。在北京，人们通常是在腊月二十四这一天专门扫房子。

贴窗花儿 [t^{h}iᴇ^{55}tʂ^{h}uaŋ^{55}xuɐr^{55}]

过年“贴窗花儿”是民间很流行的风俗活动，窗花儿图案所表现的内容各种各样，如喜鹊登梅、狮子滚绣球、三羊（阳）开泰、二龙戏珠、五蝠（福）捧寿、莲（连）年有鱼（余）、鸳鸯戏水等。

贴春联儿 [t^{h}iᴇ^{55}tʂ^{h}uən^{55}liər^{35}]

“春联儿”也叫“门对、对联、对子”。春节期间家家户户都要贴春联儿。大门上的对联，是一家的脸面，所以特别受重视。春联儿可以在街上购买，也可以自己动手或请他人写。腊月二十前后街上就有卖春联儿的，叫“对子摊”。

横批 [xəŋ^{35}p^{h}i^{55}]

“横批”与对联有着密不可分的关系。横批多为四字，过去写横批是从右往左横写。横批应该贴在门楣的正中间。

图7－10 春联儿

挂年画儿 [kua^{51}niɛn^{35}xuɐr^{51}]

北京管“年画儿”也叫“画片儿”。年画儿始于古代的“门神画”，清朝时才正式称为年画儿，年画儿大都在新年时张贴，以增添喜庆气氛。传统的年画儿多用木板水印制作，多贴在炕边墙上。

图7－11 年画儿

年货大集 [niɛn^{35}xuo^{53}ta^{51}tɕi^{35}]

过年前需要将各种年货置办齐全，新衣服、过年期间的食材、年画儿、春联儿、窗花儿、鞭炮等都是必备年货。北京老百姓一般会去“年货大集”采购。

图7－12 年货大集

图7－13 年货摊

图7－14 年货挂饰

宜嫁娶 [i^{35}tɕia^{51}tɕ^{h}y^{214}]

祭灶之后，神仙们都上天汇报去了，因此人间百无禁忌。娶媳妇、嫁女儿都不用挑日子，每一天都是好日子，直至年底。

门神 [mən^{35}ʂən^{35}]

“门神”是在北京民俗中被广泛信仰的神，它能驱邪避鬼，保家护院，因此深受人们喜爱。民间多在新春时节祭祀门神并在大门口张贴门神画。贴门神时以二神互相对视为正确贴法，反之就是民间所说的“错贴门神”。北京的门神以秦琼与尉迟恭二人的形象为多，还有《水浒传》里的解珍、解宝、吕方、郭盛等。如果宅子有后门，则还会贴后门神钟馗，后门神只有一位，因为后门大多为单扇门。

图7－15 门神像（1）

图7－16 门神像（2）

大年三十儿 [ta^{51}niɛn^{35}san^{55}ʂər^{35}]

除夕俗称“大年三十儿”，是农历一年的最后一天，也是春节的一个高潮。大年三十儿首先讲究合家团圆，出远门者或长期在外工作的人也都尽可能在这一天赶回家过年，正所谓“有钱没钱回家过年”。除夕夜的活动很多，如吃年夜饭、熬夜守岁、包饺子、放鞭炮迎神等。另外，按照北京风俗，大年三十儿晚上是不便在别人家里久留的。

年夜饭 [niɛn^{35}iᴇ^{53}fan^{51}]

“年夜饭”可以说是一年中最丰盛的一顿饭，生活条件好的人家吃年夜饭时讲究四四见底，即整顿饭由四凉菜、四热炒、四肉菜、四汤菜等组成，尤其是鱼，必须是鲤鱼，体现“年年有鱼（余）”。大年三十儿晚上全家人共聚一堂，在鞭炮声中一起吃团圆饭，互敬互爱，辞旧迎新，其乐融融。

芥末墩儿 [tɕiᴇ^{51}mo^{0}tuər^{55}]

“芥末墩儿”是老北京年夜饭上的必备凉菜，且一定是上桌的第一道菜。芥末墩儿的大致做法是把去了外帮的大白菜横着切成一寸左右的菜墩，待煮软后，整齐码放在瓦罐里，每一层都撒上芥末、白糖和醋，最后封好容器，放置两三天。两三天后就可以吃了。年夜饭大鱼大肉多，比较油腻，芥末墩儿吃了能清口，深受老百姓喜爱。传统的芥末墩儿无论在制作还是食用的时候白菜一定不能散开，要保持一墩一墩的形状，不过现在很多人为了省事，也不讲究形状了。

图7－17 芥末墩儿

二米子饭 [ɚ^{51}mi^{21}tsɿ^{0}fan^{51}]

有的人家会在年前烧好一锅米饭，一直吃到新年，表示年年有余粮、一年到头吃不完的意思。这盆跨了年的米饭是大米和小米混合的，有黄有白，是有金有银的“金银饭”，北京俗话叫“二米子饭”。

图7－18 饺子

包饺子 [pau^{55}tɕiau^{21}tsɿ^{0}]

春节吃饺子是必不可少的，年三十儿的时候要把饺子包好。供奉神明和祖先的饺子一定得是素馅的，一来供品通常不能是“荤”的，二来“菜”与“财”谐音。自己吃的饺子则可荤可素。年三十儿包好的饺子要倒着放，称为“舒坦饺子”，就好像人侧歪躺着一样，很舒服。另外，通常正月初一吃的饺子中会包入一些硬币（铜钱）、枣，吃到硬币的人在新的一年里将会财运亨通，吃到枣的人新一年的生活将会幸福甜蜜。

图7－19 素馅

图7－20 在饺子里包入硬币、红枣等

守岁 [ʂou²¹suei⁵¹]

“守岁”又称“熬年”，就是在除夕夜里不睡觉，熬夜迎接新年到来。守岁从年夜饭开始，因此年夜饭要慢慢吃，有些人家一直要吃到深夜。之所以要熬年，据说除夕夜是新旧年的连接，非常重要，需要全家人都打起精神共渡年关。还有一种传说，古代在除夕夜会有“年兽”（一种怪兽）出来吃人，所以人们彻夜不睡来防范它。

踩岁 [tsʰai²¹suei⁵¹]

“踩岁”是除夕夜很有特色的一项民俗活动。除夕人们会在地上铺芝麻秸，从大门口一直铺到房前。到了晚上，孩子们纷纷到屋外去踩，发出噼里啪啦的声音，称为“踩岁”。“岁”“碎”“祟”同音，把不好的东西踩碎赶跑，保佑全年健康。另有一种说法，“踩岁”是表示“岁岁平安”的意思。之所以选择芝麻秸，也取“芝麻开花节节高”之义，寓意来年生活更美好。

图7－21 踩岁

图7－22 芝麻秸

图7－23 供品馒头

祭祖 [tɕi^{51}tsu^{214}]

除夕祭祖过去一般都在下午进行，比较隆重，现在已经简化了，老百姓一般都在吃年夜饭前在家中的祖先灵位或画像前摆上供品，进行祭拜。以前供品中不可少的是蜜供，就是用江米条蘸上糖稀，然后堆成很高的一堆。

大年初一 [ta^{51}niɛn^{35}tʂ^{h}u^{55}i^{55}]

除夕夜一过十二点，就算进入“大年初一”，新的一年正式开始了。

接神 [tɕiᴇ^{55}ʂən^{35}]

“接神”通常在除夕和初一交界的午夜零点开始。腊月二十三祭灶过后，神仙们都上天了，但一到除夕晚十二点，便又重回人间管理事务。接神时各家鞭炮齐鸣，节日气氛异常浓烈。

天地桌儿 [t^{h}iɛn^{55}ti^{51}tʂuor^{55}]

“天地桌儿”是除夕夜接神专用的临时性供桌。传统的接神仪式都在天地桌儿前举行，由家中年纪最长者主持。桌上设香烛、供品等。

开门炮仗 [k^{h}ai^{55}mən^{35}p^{h}ɑu^{51}tʂɑŋ^{0}]

大年初一一开家门就得放鞭炮，叫作“开门炮仗”，预示开门大吉。放完后满地都是红色，称为“满堂红”。此时家家欢天喜地，喜气洋洋。俗话说：“敬财神要争先，放爆竹要殿后。”因此，从除夕夜到初一，鞭炮声总是不绝于耳。

拜年 [pai^{51}niɛn^{35}]

大年初一，人们早早起来，穿戴完毕，放完鞭炮，便开始“拜年”。拜年一般从家里开始，晚辈起床后要先向长辈磕头拜年，然后才出去走亲访友，相互拜年，互道过年好，恭祝新年万事如意。

按传统，女人从初一到初五不能外出拜年。妇女要到初六以后才能出去拜年。如果因故未能及时拜年，后来补上的叫作“拜晚年”。

图7－24 红包

压岁钱 [ia^{55}suei^{51}tɕʰiɛn^{0}]

守岁或拜年时，孩子们会得到长辈给的“压岁钱”。因“岁”与“祟”同音，所以压岁钱可以压住邪祟，算是长辈送给孩子的护身符，得到压岁钱的孩子们可以在新年平平安安。

忌扫除 [tɕi^{51}sɑu^{21}tʂʰu^{35}]

正月初一为扫帚生日，这一天不能动用扫帚，否则会扫走好运气，招致霉运。因此除夕必须扫除干净，年初一不扫地，不倒垃圾。假使非要扫地不可，须从屋外往里扫，这样可以起到聚财的作用。

回娘家 [xuei^{35}niɑŋ^{35}tɕia^{0}]

正月初二，嫁出去的女儿要带着丈夫、儿女“回娘家”。回娘家要带礼物，且必须为双数，有成双成对的意思。“初一饺子初二面”，因此中午在娘家是要吃面条的。晚上女儿女婿不在娘家过夜。

图7－25 财神牌位

祭财神 [tɕi^{51}ts^{h}ai^{35}ʂən^{0}]

初二早上天刚亮，街上的爆竹声就会响成一片，这是在“祭财神”。按照老北京的风俗习惯，不论平时是否供奉财神，都要在正月初二祭财神。王公贵族和商贾豪绅的供品是很讲究的，例如北京八大祥、同仁堂等大商号，在以往祭财神时都用五宗大供：整猪、整羊、整鸡、整鸭、两条红色活鲤。

初二当天，除了在家里祭祀财神外，有的人还要去广安门外五显财神庙进香,并顺便逛逛五显财神庙会。

春节庙会 [tʂ^{h}uən^{55}tɕiᴇ^{35}miɑu^{53}xuei^{51}]

北京的春节庙会是极具特色的传统风俗活动。庙会期间，市内及周边地区身负绝技的人都会出来展示技艺。舞中幡，踩高跷，舞狮子，敲大鼓，非常热闹。人们边逛边玩，边吃边买，欢天喜地，共庆新春。老北京比较有名的春节庙会包括：厂甸庙会、莲花池五显财神庙会、东岳庙庙会、白云观庙会、地坛庙会、龙潭湖庙会等。

图7－26 五显财神庙会的摸元宝民俗活动

图7－27 五显财神庙会的掷金蟾民俗活动

图7－28 中幡

图7－29 杠箱老会（1）

图7－30 杠箱老会（2）

图7－31 小车圣会

图7　32 高跷老会

图7－33 大鼓老会

图7－34 舞狮圣会

图7－35 吵子圣会

協會
聖會
盖鄉長店村
館

图7－36 年糕

年糕 [niɛn^{35}kau^{55}]

春节吃年糕是传统习俗，据说早在辽代，北京地区就有正月初一吃年糕的习惯了。北京的年糕多用黄米或江米面制作，有黄、白两色，象征金、银，年糕还有“年年高”的吉祥寓意。有诗曰：“年糕寓意稍云深，白色如银黄色金。年岁盼高时时利，虔诚默祝望财临。”随着社会的发展，年糕现在也产生了许多新样式，而且很少有人自己做，大都在商店里买。

破五 [p^{h}o^{51}u^{214}]

农历正月初五，俗称“破五”。这一天要“送穷”，人们一早起来就开始打扫卫生。因为初五之前都不能倒垃圾，垃圾只能先放在家里，所以破五这一天要彻底大扫除一次，把垃圾都清理出去。破五这一天还要放鞭炮，从里往外放，将一切不好的东西赶出去。最后在被清扫出去的垃圾堆上放一个大的爆竹，最好是二踢脚，这样就可以把一切晦气都赶走。

按惯例，春节期间大小商铺从大年初一起关门歇业，而在正月初五重新开市。民间认为选择这一天开市将财源滚滚，生意兴隆。破五这天也要吃饺子，俗称“捏小人嘴”，据说，这样可免除口舌之祸。

二　元宵节

灯会 [təŋ⁵⁵xuei⁵¹]

春节要一直持续到正月十五之后才算结束，正月十五又叫“元宵节”“上元节”，是春节期间非常热闹的一天，这一天最突出的民俗活动之一就是赏花灯。之所以叫“元宵节”，是因为正月为农历元月，“宵”为夜晚，赏灯主要在晚上进行。以前北京人从农历正月十三到正月十七，要整整玩五天五夜。

元宵“灯会”的来历据说是玉帝命火德星君在正月十五火烧京城，为避免万千黎民受难，人们便在这一天晚上悬挂无数灯笼，灯光直透云霄，因此得以瞒过玉帝。从此，在元宵节举行灯会的习俗就保留了下来。

图7－37 赏灯

走马灯 [tsou^{35}ma^{21}təŋ^{55}]

“走马灯”是一种供玩赏的灯笼。它里面有一个纸轮，蜡烛燃烧时热气上升推动轮轴，贴在轮轴上的各种人骑着马等的图案也就随着转动起来。

图7－38 走马灯

图7－39 包好的元宵

图7－40 煮好的元宵

图7－41 咬开的元宵

吃元宵 [tʂʰʅ55yɛn35ɕiɑu55]

北方“滚”元宵，南方“包”汤圆。在北京正月十五一定要“吃元宵”，象征团团圆圆。做元宵的过程是以馅为基础，把四方形的一块块馅料放入大滚筒里，倒上江米粉转动，馅儿就慢慢包上了一层江米外皮，最后成为球状的元宵。

图7－42 做元宵的滚筒

摸城门钉儿 [mo55tʂʰəŋ35mən35tiə̃r55]

农历正月十六，老百姓会到前门城楼下“摸城门钉儿”。“钉”“丁”同音，人们借此希望早生贵子，人丁兴旺。

敛巧饭 [liɛn35tɕʰiɑu21fan51]

“敛巧饭”是怀柔区琉璃庙镇杨树底下村的古老习俗。正月十六前夕，村中少女到各家收集粮食蔬菜。正月十六这天，由成年妇女把饭做熟，全村人共食。做饭时，锅内放入针线、铜钱等物。吃到这些东西者便是求到巧艺及财运。饭后，人们还要在冰上走百冰（病），就是赶走百病的意思。

图7－43 城门钉儿

三　清明节

上坟 [ʂɑŋ^{51}fən^{35}]

又叫“祭扫”“扫墓”。冬去春来，人们到先人坟前，添加新土，摆上祭品，燃香敬酒，焚烧纸钱，表达缅怀之情。此外，在坟头压上新纸钱，也是告诉其他人此家有后人。

烧纸 [ʂɑu^{55}tʂʅ^{214}]

就是用来焚烧以敬鬼神祖先的纸钱，有的做成铜钱、元宝样，有的印成冥币。此外还有的是整张纸，这种“烧纸”要在家里按照一定规矩叠好才能拿出去烧。

图7－44 烧纸

图7－45 纸元宝

图7－46 踏青

踏青 [tʰa^{51}tɕʰiŋ^{55}]

清明人们并不总是沉浸在哀思中，也会结伴“踏青”游玩，感受春天的到来。回忆过去是为了今天更好的生活，这也是清明节所蕴含的一种独特的积极向上的文化。

放风筝 [faŋ^{51}fəŋ^{55}tʂəŋ^{0}]

“放风筝”是清明时节人们踏青游玩时的一项传统活动。以前，人们把风筝放上天后，便会剪断线绳，任凭风筝飞走，认为这样会把自己身上的病灾带走。

图7－47 放风筝（1）

图7－48 放风筝（2）

插柳 [tʂʰa^{55}liou^{214}]

清明“插柳”古已有之。一种说法，插柳是为了纪念神农氏；另一种说法，插柳是创造生命，因柳树生命力强，容易成活；第三种说法，清明为三大鬼节之一，佛教认为柳可以驱鬼，因此人们插柳以避邪。这种风俗以前很流行，现在比较少了。

寒食十三绝 [xan^{35}ʂʅ^{35}ʂʅ^{35}san^{55}tɕyᴇ^{35}]

每年清明前一天为寒食节，这一天不能动火，只吃冷食。后来寒食与清明逐渐合二为一，但吃冷食的习惯则保留下来。“寒食十三绝”是北京很有特色的冷食习俗，所谓十三绝就是姜丝儿排叉儿、焦圈、豌豆黄、艾窝窝等十三种特色小吃，因为不需加热，所以特别适合在清明节食用。

四　中秋节

拜月 [pai^{53}yᴇ^{51}]

中秋节是个团圆的节日，北京以前在中秋这一天有“拜月”的习俗。北京有句老话叫“男不拜月，女不祭灶”，拜月的只能是女人和小孩，男人不能参加，女人可在拜月时向月神说说自己的心里事。男人不能拜月是因为月亮属“阴”，而男人属“阳”，两者相冲。但只有一个人例外，那就是古代皇帝。每年的秋分亥时皇帝都会专门在月坛举行仪式，专门祭拜夜明之神“月亮”。

图7－49 月坛祭月

图7－50 自来红

图7－51 自来白

图7－52 自来红和自来白

自来红[tsɿ^{51}lai^{35}xuŋ^{35}] / **自来白** [tsɿ^{51}lai^{35}pai^{35}]

以前在中秋节，北京当地人的主食是团圆饼，月饼只是饭后的茶点，而且月饼是传统的“自来红”和“自来白”。

上供用的月饼，必须是自来红，而不能是自来白。做自来红有严格规定，皮要用芝麻油做，里面放有不同的果仁，还有青红丝(杨梅和陈皮)，而且要有冰糖。做自来白月饼的材料则比较随意。

兔儿爷 [t^{h}ur^{51}iᴇ^{35}]

“兔儿爷”是北京中秋节的一大特色民俗事物。兔儿爷是可供奉的神仙，而且是北京本地神仙。此外，兔儿爷还是玩物，上供过后，小孩子们就可以拿在手里玩，这一点和其他神仙有明显的区别，因此兔儿爷被称为唯一能拿在手里玩的神仙。兔儿爷经过民间艺人的改造，已经人格化了，兔首人身，手持玉杵，有的是武士形象，有的骑着飞禽猛兽，也有背插纸旗或纸伞的。特别是兔儿爷骑虎，老虎怕兔子是最具创造性的。

兔儿爷深受人们喜爱，据说在几十年前的北京街头，一过七月十五，兔儿爷摊子就摆出来了。祭兔儿爷的时候，要有两样东西，一是鸡冠花，代表月亮里的树，二是带枝的毛豆，因为兔子喜欢吃。

图7－53 兔儿爷

图7－54 兔儿爷灯笼

图7－55 兔儿爷山

五　其他节日

粽子 [tsuŋ^{51}tsɿ^{0}]

端午节在老北京的民俗中是一个大节日。端午节要吃“粽子”，北京地区最常见的粽子是用苇叶包的黄米小枣粽子。也有很多人家用江米和黄米混在一起包粽子，叫“二米粽子”。

辟毒 [pi^{51}tu^{35}]

端午时节毒气较盛，因此北京人在端午节喜欢去皇家园林游玩，最常去的是天坛，人们认为此地能“辟毒”。

咬春 [iɑu^{21}tʂ^{h}uən^{55}]

立春那一天有吃春盘、吃春饼、吃春卷、嚼萝卜的习俗，称为“咬春”。其中，吃春饼的习俗今天在北京仍然保留着。将肉丝与菠菜、韭菜、豆芽菜、粉丝、鸡蛋等炒在一起，然后用薄饼卷菜吃，正对应了“打春吃春饼”之语。吃春饼时一定要卷成筒状，从头吃到尾，俗语叫“有头有尾”。

图7－56 春饼（1）

图7－57 春饼（2）

图7－58 春卷儿

图7－59 炸春卷儿

春卷儿 [tʂʰuən^{55}tɕyɐr^{214}]

“春卷儿”是立春时装在春盘内供亲朋好友品尝的传统节令食品，古时又叫“探春蚕”。春卷儿现在多用猪肉、豆芽、韭菜、韭黄等做馅，裹面后煎炸，外焦内香，非常可口。

龙抬头 [luŋ^{35}tʰai^{35}tʰou^{35}]

农历二月二，民间俗称“龙抬头”。人们在二月二做的最主要的事情就是理发，因为正月理发不吉利，所以都赶到龙抬头时剪头发，也借点龙气。这一天吃的东西很多都要与“龙”字相关联，如吃的面叫龙须，吃的春饼叫龙鳞，吃的水饺叫龙耳，吃的米饭叫龙子，吃的馄饨叫龙眼，等等。北京还有在二月二吃驴打滚儿的习俗，有些人还喜欢在这一天买爆米花吃。

图7－60 龙须面

图7－61 爆米花

豌豆黄儿 [uan^{55}tou^{0}xuãr^{35}]

图7－62 豌豆黄儿

“豌豆黄儿”是北京春夏季节的一种时令小吃，每当春季豌豆黄就上市，一直供应到春末。按北京的习俗，农历三月初三必须得吃豌豆黄儿。尤其是在旧时蟠桃宫庙会上，经常会听到小贩们吆喝着：“小枣儿豌豆黄儿，大块的来！”北京的豌豆黄儿分民间的和宫廷的两种，分别是“糙豌豆黄儿”和“细豌豆黄儿”。豌豆黄儿早先只是民间小吃，后来清宫御膳房在民间豌豆黄儿的基础上进行加工改造，豌豆黄儿才传入宫廷。

蟠桃宫于20世纪80年代修东便门立交桥的时候被拆除。现在，蟠桃宫的地名也渐渐被人淡忘，或许只存在于一些老年人的记忆里吧。

重阳糕 [tʂ^{h}uŋ^{35}iaŋ^{35}kau^{55}]

农历九月初九是重阳节，是老年节，民间要蒸“重阳糕”孝敬老人，“糕”与“高”同音，符合重阳登高的习俗。制作时，糕的表面会撒一层木樨（桂花），且重阳节有赏菊的风俗，因此重阳糕又叫作花糕、桂花糕、菊糕。

冬至饺子 [tuŋ^{55}tʂʅ^{51}tɕiau^{21}tsʅ^{0}]

冬至是一个非常重要的节气，俗话说“冬至大如年”，这一天北京有吃饺子的习俗。此外，老北京还有“冬至馄饨夏至面”的说法。

图7－63 冬至饺子

图7－64 馄饨（1）

图7－65 馄饨（2）

九九消寒图 [tɕiou^{35}tɕiou^{21}ɕiɑu^{55}xan^{35}t^{h}u^{35}]

北京自冬至起便进入数九寒天。民间流行在冬至那一天开始填“九九消寒图”。九九消寒图由九个字构成，最常见的是“亭前垂柳珍重待春风”“春前庭柏风送香盈室”或“盼春风重度帝城垂柳”等句子。从冬至开始，每天写一笔，还可记录下当日的天气，例如，晴天用红笔写，阴天用黑笔写。九九八十一天全部写完后，就到了春暖花开之时。这在当时也算是人们的一种雅趣吧。

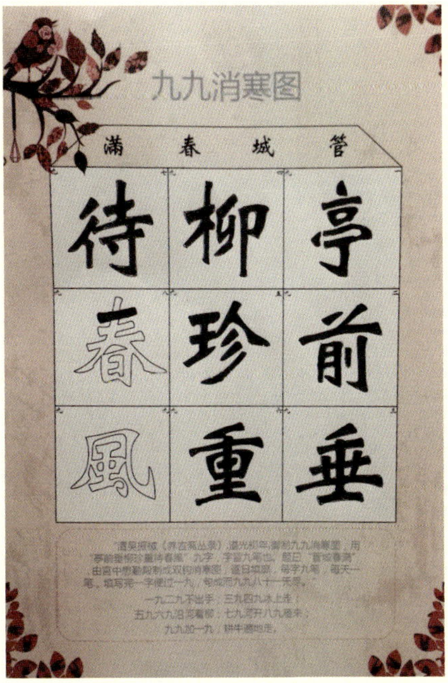

图7－66 九九消寒图

捌·游戏娱乐

图8－1 传统玩具

北京的民间游戏娱乐活动丰富多彩，源远流长。不过由于北京正快速建设成为国际化现代大都市，在新型娱乐方式大量涌现的同时一些传统的游戏娱乐项目却逐渐消失。好在近些年人们对传统文化的重视逐渐提高，一些已濒临消失的娱乐活动又重新焕发了活力。

一　游戏

抖空竹 [tou²¹kʰuŋ⁵⁵tʂən⁰]

“抖空竹”是一种历史悠久的民间游戏。空竹是一种用绳子抖动使其高速旋转并可以发出嗡嗡响声的玩具，一般是用木头或竹子制成，里面是空的，所以叫“空竹”。抖空竹的时候用两根棍子牵引线绳，绳子绕在空竹的轴上，一手提一手送，不断抖动。玩的方法有很多种，有“鸡上架”“仙人跳”“满天飞”等技巧动作。有些技艺高超的人还会用壶盖、酒瓶等器具代替空竹。

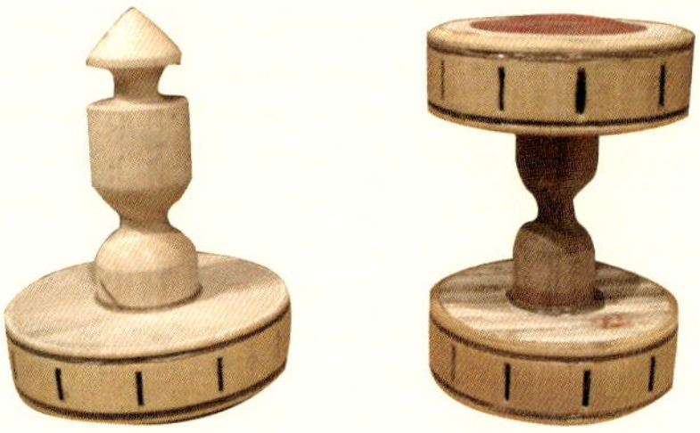

图8－2 空竹

图8－3 抖空竹

图8－4 滚铁环儿（1）

图8－5 滚铁环儿（2）

滚铁环儿 [kuən^{35}t^{h}iᴇ^{21}xuɐr^{35}]

“滚铁环儿”是将一根铁棍或铁丝的头部弄弯，然后用它推着一个铁环儿在地上跑。人们经常玩滚铁环儿比赛，看谁跑得快，但前提是铁环儿不能倒。为了增加难度，还可以对跑动路线加以限制，比如走弯路、绕障碍物、接力等。

踢毽子 [t^{h}i^{55}tɕiɛn^{51}tsɿ^{0}]

“踢毽子”也是一项非常普及的传统游戏，可一个人自己踢，也可多个人一起踢。踢的时候有很多花样，脚内侧、脚外侧、倒勾等。毽子制作起来比较简单，用布包住铜钱或圆铁片做底座，中间有鹅毛管，管中再插上长羽毛就做好了。有时还会用小沙包代替。关于踢毽子还有专门的童谣：“一个毽儿，踢两半儿，打花鼓，绕花线儿，里踢外拐，八仙过海，九十九，一百整。”

图8－6 踢毽子

图8－7 握手平衡

握手平衡 [uo^{51}ʂou^{21}p^{h}iŋ^{35}xəŋ^{35}]

“握手平衡”是比较两个人的平衡能力的一种游戏。两个人侧向站立，四只脚在一条直线上，重心降低，类似扎马步，前脚相抵，两手相握，通过推、拉、闪等方式使对方失去平衡，谁先站不稳谁输。

跳间儿 [t^{h}iau^{51}tɕiɐr^{55}]

“跳间儿”就是跳房子、跳格子，通常是女孩们玩的游戏。首先在地上画出“房子”，就是排列有规律的一些格子，有一行一间的，也有一行两间的，最后一间是半圆形。接着用沙包或石块依次扔入格子中，然后单腿把全部格子顺序跳一遍，途中要避开有沙包的格子，而且不允许压线、踩线。最先完成全部过程的一方获胜。

图8－8 房子

图8－9 跳间儿

图8－10 抽尜尜（1）

图8－11 抽尜尜（2）

抽尜尜 [tʂʰou⁵⁵ka³⁵kɐr⁰]

“抽尜尜”就是抽陀螺，也叫“抽汉奸”“抽懒老婆”。木制的陀螺为圆锥形，上粗下细。抽的时候先用绳子绕在陀螺上，然后使劲甩开绳子，使陀螺旋转起来，接下来用绳子抽打它，让它保持旋转不倒。

图8－12 跳皮筋儿

跳皮筋儿 [tʰiɑu⁵¹pʰi³⁵tɕiər⁵⁵]

“跳皮筋儿”也叫跳猴皮筋儿，一般是女孩们常玩的游戏，可一人玩，也可多人玩。玩的时候将皮筋儿固定抻直，然后就可以在上面按照固定规则来回蹦跳，一旦失误就要重新开始，或者由其他人接替。人们有时还边跳边唱：“马兰花开二十一，二五六，二五七，二八二九三十一……”

图8－13 杨树叶

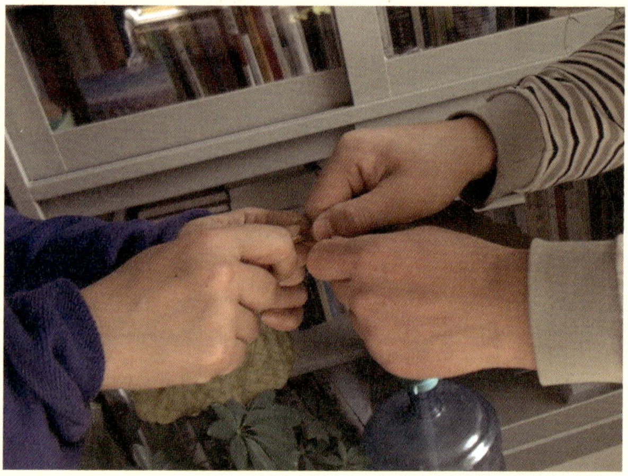

图8－14 拔根儿

拔根儿 [pa^{35}kər^{55}]

“拔根儿”又叫“干老将”，是男孩子们在秋季常玩的一种游戏。大家各自找杨树叶，然后把两根叶子梗相绕互相拉扯，看谁的最结实。断了的一方就认输，赢了的再去跟其他人比。一般老叶子的梗更加结实。玩的时候不许作弊，不许用指甲偷偷掐对方的叶子梗，也不许在叶子梗里插入细铁丝等物品。

抓羊拐 [tʂ^{h}ua^{21}iɑŋ^{35}kuai^{214}]

羊拐就是羊的膝盖骨，“抓羊拐”又叫“抓子儿”。具体玩法是：用一只手将几个羊拐散在地上或桌上，然后挑选其中一个羊拐或者另外专门准备的沙包将其向上扔起，在落下之前将其余指定的羊拐拾起来，并接住下落的羊拐或沙包，如果没接住或没拾起来就算失败。为了增加难度，最后还会把手中的全部羊拐扔起，用手背接住，不能掉落一个，然后再次抛起，再用手抓住，才算结束。

图8－15 抓羊拐

选冠军 [ɕyɛn^{21}kuan^{51}tɕyn^{55}]

“选冠军”又称“选总统”，是多人游戏，只要准备一个大皮球就能玩，人数不限。将参加游戏的人分成两个组，一个组围圈站，另一个组散站在圈内。围圈站的人用球击打圈内的人，谁被击中谁就被淘汰出局，最后剩下的那个人就是冠军。接下来两组交换位置，重新开始。

撞拐 [tʂ^{h}uɑŋ^{51}kuai^{214}]

“撞拐”是一种对抗性游戏。把一条腿架在另一条大腿上，用手抱着抬起的脚，单腿在地上蹦，同时用膝盖来冲撞对方，双脚落地者输。游戏可以两人进行，也可以多人同时进行。

拽包儿 [tʂuai^{55}pɑur^{55}]

“拽包儿”就是丢沙包。游戏时分成两组，内组站中间，外组站两边。外组的人用沙包打内组的人，被打到的人就出局，直到内组的人全部被打下来。

二　娱乐

打冰出溜 [ta²¹piŋ⁵⁵tʂʰu⁵⁵liou⁰]

“打冰出溜”就是在冰上滑。北京冬天寒冷，人们经常会在什刹海等冰面上溜冰玩耍。溜冰时有的人穿溜冰鞋，也有的人坐在自制的简易溜冰车上，用两根棍子支撑地面并向前滑动，车下不装轮子，而是镶嵌有铁片，这样既可以减少冰面阻力，又可以保持稳定。雪后，人们也经常在雪多的地方堆雪人、打雪仗。

图8－16 溜冰

图8－17 堆雪人

图8－18 雪人

图8－19 下象棋

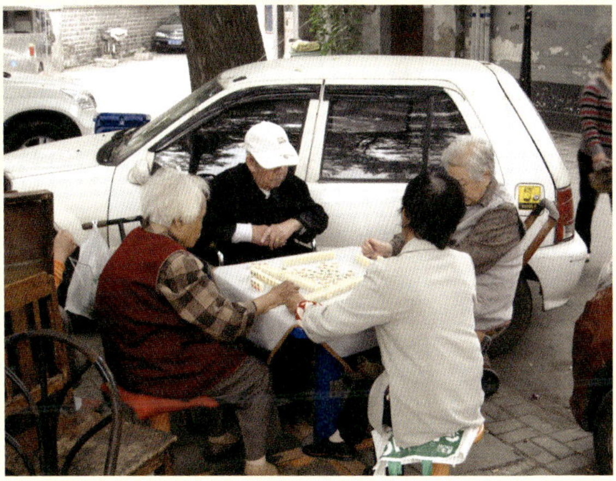

图8－20 打麻将

下象棋 [ɕia^{53}ɕiaŋ^{51}tɕ^{h}i^{35}] / **打麻将** [ta^{21}ma^{35}tɕiaŋ^{51}]

“下象棋”“打麻将”是人们在茶余饭后经常进行的娱乐活动。俗话说观棋不语真君子，看下象棋时旁观者不能插嘴提醒。看打麻将时，也不能透露打牌人的底牌，否则会遭到众人指责。

推牌九 [t^{h}uei^{55}p^{h}ai^{35}tɕiou^{214}]

“牌九”又称“骨牌”，是用骨头、象牙或木头制成的牌，每副32张，每张呈长方体，上面分别刻着以不同方式排列的点子，从2到12。由于玩的时候点数“九”最大，所以被称为“牌九”。牌九是由骰子演变来的，但构成比骰子复杂得多。一般是4个人一起玩。其实麻将也算是骨牌的一种，而且是影响最广的。

图8－21 牌九

斗蛐蛐儿 [tou^{51}tɕ^{h}y^{55}tɕ^{h}yər^{0}]

北京人好“斗蛐蛐儿”，至少从明朝就开始了。每年的白露、秋分、寒露三个节气是斗蛐蛐儿的高峰期，俗话说“勇战三秋”。在北京主要是那些专门的“玩家儿”喜好斗蛐蛐儿，不是所有人都喜欢。真正要想斗得赢，首先得抓到好蛐蛐儿，北京管抓蛐蛐儿不叫“抓”，得说“拿”，通常都是去郊区拿，有些人甚至去外地拿。其次，还得养得好。蛐蛐儿要在专门的蛐蛐儿罐里养，有瓷罐，也有陶罐。除此之外，还得有专门用于喂水的水槽和睡觉、交配用的过笼。斗蛐蛐儿是很有讲究的，先看天时，要在天气转凉时进行，此时斗性最高；再看地利，要在专门的蛐蛐儿罐里进行；再有就是对阵双方的体重一定要相等，不是同一个重量级的绝不开战，因为蛐蛐儿一旦战败一次就会丧失斗志，体格再好也没有多大价值了。

图8－22 蛐蛐儿罐

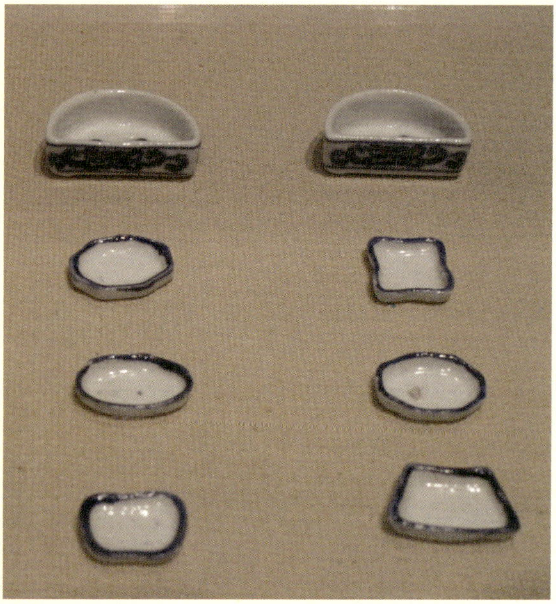

图8－23 水槽

图8－24 过笼

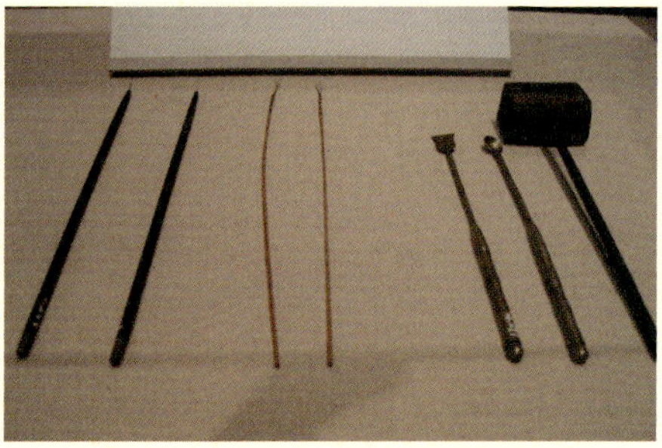

图8－25 饲养、训练蛐蛐儿的工具

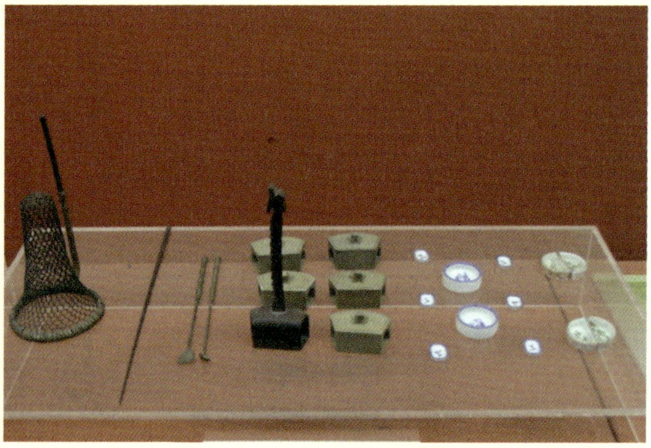

图8－26 全套养蛐蛐儿工具

图8－27 鸟笼

图8－28 鸽哨儿

提笼儿架鸟儿 [$t^{h}i^{35}$$lũr^{35}$$tɕia^{51}$$niaur^{214}$]

老北京人爱养鸟尽人皆知，以前经常能见到人们手架一鸟在街上闲逛的场景，逛完回家把鸟笼往屋檐下一挂，自己歇着去了，何等惬意。如今，养狗的多了，养鸟的却少了，不过在老年群体中还是有很多人保留了这一爱好。一早一晚，公园里、河道边还是能看到大家聚在一起，一边遛鸟一边聊天。

鸽哨儿 [$kɤ^{55}$$ʂaur^{51}$]

“鸽哨儿”是一种系在鸽子身上的哨子，鸽子在飞行过程中哨子发出响声。鸽哨儿主要是用竹子、芦苇、葫芦等材料制成。鸽哨儿发出的声音能够随鸽子飞行方式的不同而发生变化，尤其是在回旋起落时。鸽哨儿的制作和系法都很有讲究，所以它已经不单单是娱乐用具而可以算得上是一种工艺品了。

九连环 [$tɕiou^{21}$$liɛn^{35}$$xuan^{35}$]

“九连环”是一种益智玩具，由9个连在一起的圆环和一个长条形的环形架子构成。玩的时候首先要将圆环逐个套在架子上，要求架子从九个环中间穿过去。然后再反向将全部圆环逐个解下，最后与架子完全分离。

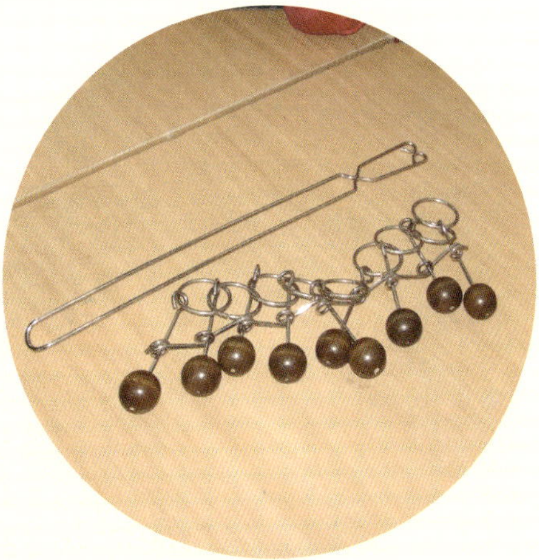
图8－29 九连环

图8－30 拉绳儿玩具

拉绳儿玩具 [la^{55}ʂə̃r^{35}uan^{35}tɕy^{51}]

用几根绑在玩具身上的线绳儿控制玩具，能做出各种各样的动作。这种玩具深受孩子们喜爱。

手把玩 [ʂou^{35}pa^{21}uan^{35}]

“手把玩”就是人们平时一直拿在手里的一些小玩意，常见的有葫芦、核桃、小铁球等。一般老年人玩这种东西的居多。经常玩这些小玩意能起到活动筋骨、强身健体的作用。此外一些手把玩还有吉祥如意的意思，比如葫芦代表福禄。

图8－31 手把玩葫芦（1）

图8－32 手把玩葫芦（2）

图8－33 拨浪鼓

图8－34 风车儿（1）

图8－35 风车儿（2）

拨浪鼓 [po^{55}laŋ^{0}ku^{214}]

“拨浪鼓”是一种深受孩子们喜爱的玩具。小鼓两侧用绳子系两个小锤，鼓下有柄能拿在手中，当左右旋转摇晃小鼓的时候，两个小锤就不停地击打鼓面，发出咚咚咚的声音。多在庙会上出售。

风车儿 [fəŋ^{55}tʂ^{h}ɤr^{55}]

一种玩具，用高粱秸扎成骨架再装上以彩色纸条为辐条的风轮，一般同时串多个风轮。当手持风车儿迎风挥舞时，用五色彩纸制作而成的风轮便会快速转动，十分好看。

图8－36 拉洋片儿（1）

图8－37 拉洋片儿（2）

拉洋片儿 [la^{55}iaŋ^{35}p^{h}iɐr^{55}]

“拉洋片儿”据说是清末从河北地区传入京城的，可以算是一种早期的动画。所用道具是四周安装有多个观看窗口的大木箱，箱内有多张图片，连起来能够表现完整的故事情节。表演时操作者在箱外通过拉绳来更换图片，同时用演唱的方式来讲解图片表现的故事内容。观看者只能趴在窗口上才能看到画面的变化。在以前没有电视、广播的岁月里，拉洋片儿是很吸引人的一种艺术形式。

皮影儿 [p^{h}i^{35}iə̃r^{214}]

“皮影儿”又称“灯影戏”，是一种傀儡戏。表演者与观看者隔着一层幕布，表演者在灯光的照射下，把用驴皮（传统材料）或纸板（现代材料）做成的各种剪影形象贴近幕布，让观众能在另外一侧看到影子，然后表演者一边操纵各种剪影一边说唱故事，同时配以音乐和特色音效。

图8－38 皮影儿

图8－39 皮影儿戏后台

图8－40 皮影儿道具

图8－41 泥咕咕打老虎

泥咕咕打老虎 [$ni^{35}ku^{55}ku^{0}ta^{21}lɑu^{35}xu^{214}$]

“泥咕咕打老虎”是一种能发声的玩具，它的制作方法是把陶制的中空老虎从腰部分开，再用卷好的油纸将两部分连起来，连接处不能漏风。老虎的头部或尾部留有空隙，当把头尾两部分向一起挤的时候，就会发出“咕咕”的声音。

图8－42 小鸡啄米

图8－43 各种玩具（提线儿老鼠、拉线儿猫、鸡吃米）

小鸡啄米 [ɕiɑu^{21}tɕi^{55}tʂuo^{35}mi^{214}]

这是以前很流行的一种儿童玩具。在木板上钉有几只金属或木制的小鸡，只要按一下开关，小鸡就能做一下啄米的动作，连续按开关，小鸡就不停地啄米。

瓷娃娃[ts^{h}ɿ^{35}ua^{35}ua^{0}]

除了会动、能出声的玩具，以前人们还会给儿童购买一些瓷娃娃、布老虎一类的玩具来玩耍。

图8－44 童男童女娃娃

图8－45 摔跤娃娃

图8－46 童子娃娃

图8－47 纸花儿

图8－48 克朗棋

纸花儿 [tʂʅ^{21}xuɐr^{55}]

编“纸花儿”是很讲究技巧的。编好后的纸花儿只要换一种扭转方法就会出现不同的造型。

克朗棋 [k^{h}ɤ^{51}laŋ^{21}tɕ^{h}i^{35}]

“克朗棋”与今天的台球很相似，棋桌是正方形的，四周有沿，四个角各有一个圆洞，下有布袋。它的棋子像是大号的象棋棋子，玩的时候用球杆击打母棋并将其他棋子撞入圆洞就得分，谁打落的棋子多谁赢。

水哨儿 [ʂuei^{21}ʂaur^{51}]

“水哨儿”是一种里面装有少量水的哨子，吹起来能发出咕噜咕噜的清脆声音。

图8－49 水哨儿

三　戏曲文艺

撂地儿相声儿 [liau^{53}tiər^{53}ɕiaŋ^{51}ʂə̃r^{0}]

“撂地儿”是一种专门的术语，指设在庙会、集市、街头空地上的演出场所。“撂地儿相声儿”就是在这些非正式场合进行的相声儿表演。它曾是普通老百姓听相声儿的最主要方式。

数来宝 [ʂu^{21}lai^{35}pau^{214}]

“数来宝”由一人或两人说唱，并用竹板打拍子。常用句式为三三断开的六字句和四三断开的七字句。每两句、四句或六句可换韵。数来宝起初是乞丐沿街乞讨时演唱的，后来被民间艺人沿街说唱，见景生词，逐渐发展成一种专门的语言艺术形式，内容也发生改变。旧时北京天桥曾经有专门说数来宝的场子。

图8－50 撂地儿相声

图8－51 数来宝

唱京戏 $[\text{tʂ}^{h}\text{aŋ}^{51}\text{tɕiŋ}^{55}\text{ɕi}^{51}]$

北京人管京剧叫“京戏”“大戏”。京剧至今已有二百多年的历史，它是在徽戏和汉戏的基础上，再吸收昆曲、秦腔等戏曲的特色而逐渐演变形成的。京剧以北京为中心流传全国各地，甚至已经走出国门走向世界。

北京人尤其喜爱京剧，过去能到剧场里听名角唱戏那绝对是一种难得的享受。就像今天看电影大片一样，在演出之前会专门印出戏报集进行广泛宣传，表演当天会将演员场次表贴出，观众须持票入场。北京人不光爱听，还爱唱，现在每天清早在公园里还经常能看到练嗓子的票友，不过这并不像正式的舞台表演那样有许多讲究，比如不需要画脸谱。

图8－52 戏报集

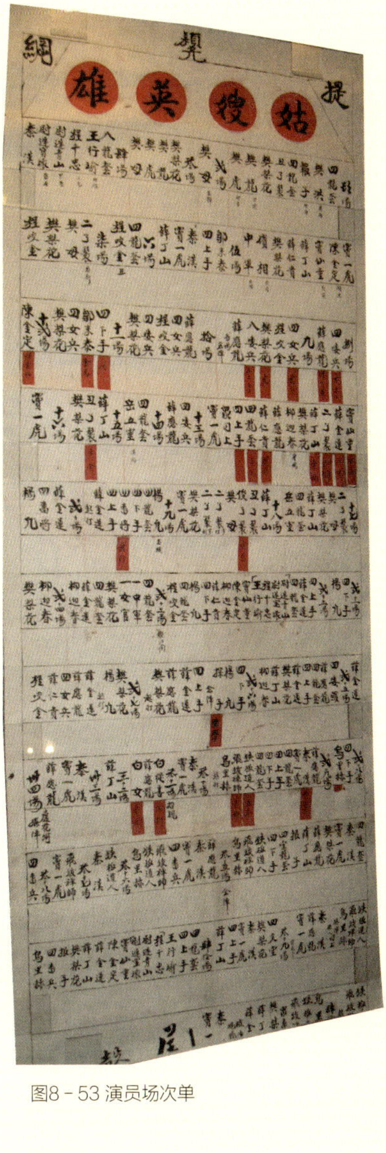

图8－53 演员场次单

图8－54 票友唱京剧

图8－55 脸谱

红票 [xuŋ^{35}p^{h}iau^{51}]

以前京剧演出时免费赠送的戏票。

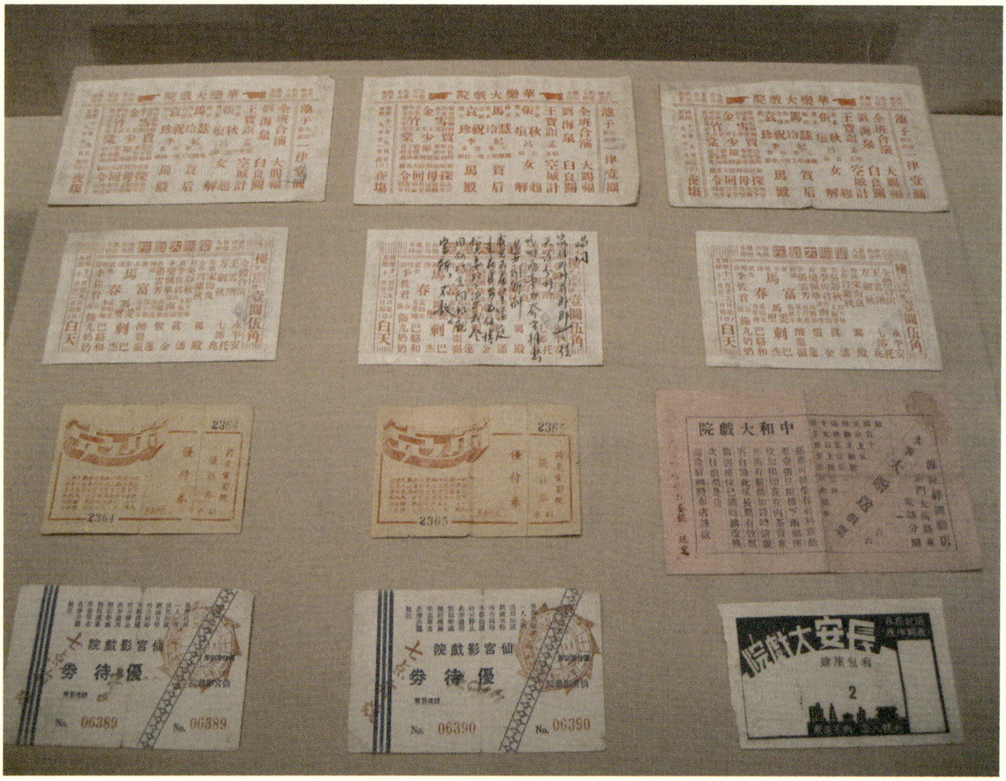

图8－56 红票

剧本儿 [tɕy^{51}pər^{214}]

现在保留下来的京剧“剧本儿”原稿都是极其珍贵的。

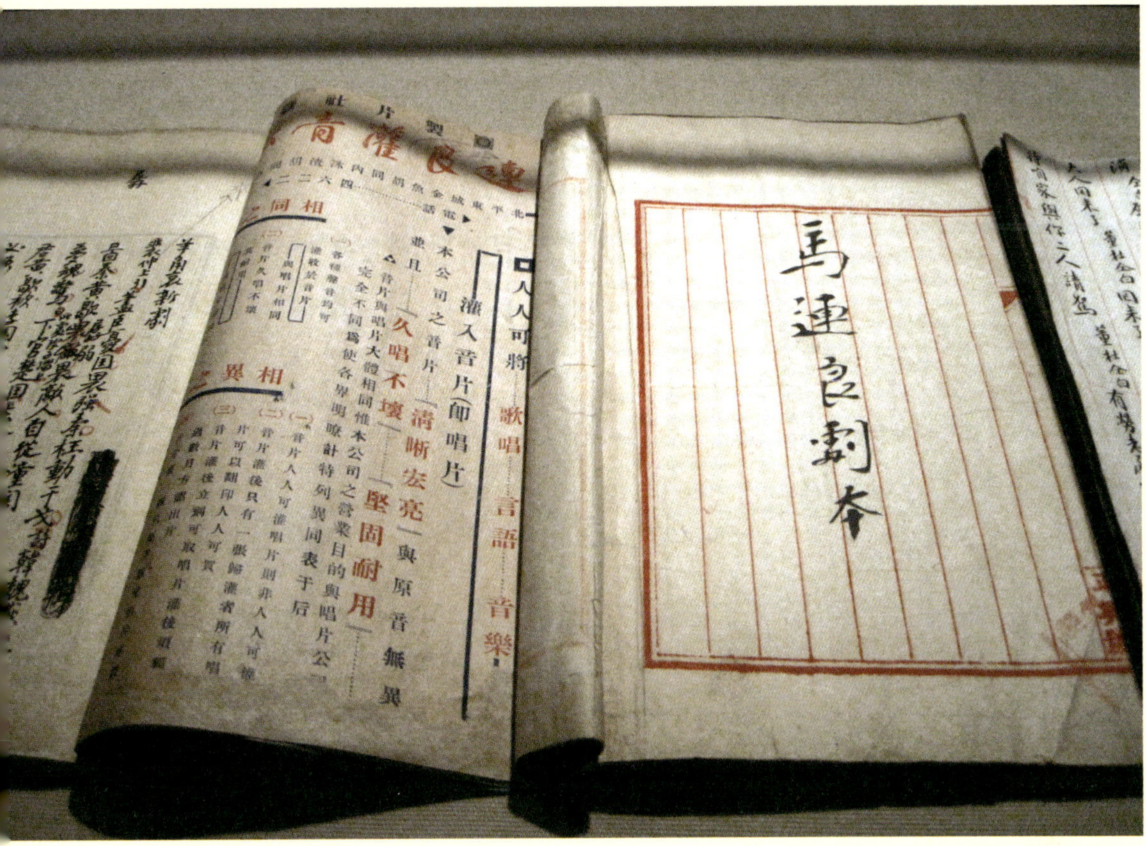

图8－57 京剧剧本儿（1）

图8－58 京剧剧本儿（2）

玖·宗教信仰

图9-1 上香

北京地区的宗教主要包括佛教、道教、伊斯兰教、天主教和基督教，宗教并存共生的现象表现得十分明显，孔庙（儒）、雍和宫（释）、白云观（道）、清真寺（伊斯兰）、教堂（基督）等并立繁荣就是最好的例证。此外，许多民俗节日和活动也都带有一定的宗教色彩。

一　宗教

寺庙 [sɿ^{53}miɑu^{51}]

北京地区的佛教“寺庙”历史悠久，数量众多。门头沟潭柘寺为北京地区最早兴建的寺庙，位于北京宣武门外教子胡同南端东侧的法源寺是北京内城历史最为悠久的古刹。西山八大处的灵光寺因供奉释迦牟尼佛牙舍利而闻名于世，成为中外佛教徒朝拜的中心之一。

图9－2 潭柘寺

舍利子 [ʂɤ^{21}li^{51}tsɿ^{214}]

“舍利子”原指佛祖释迦牟尼圆寂火化后留下的结晶体。据说，舍利子是一个人通过戒、定、慧的修行，再加上自己的大愿力所得，十分稀有、珍贵。所以佛祖的这些结晶被信徒们视为圣物，争相供奉。

图9-3 灵光寺佛牙舍利塔

四大金刚 [sɿ^{53}ta^{51}tɕin^{55}kaŋ^{55}]

佛教四大天王民间又称“四大金刚”，即东方持国天王，弹琵琶；南方增长天王，握宝剑；西方广目天王，臂缠大蛇；北方多闻天王，持宝伞。

根据印度佛教传说，在须弥山中有一山名犍陀罗山，山有四峰，四大天王便各居一峰，护一方天下，故称四大天王。

四大天王还有“风调雨顺”的含义——宝剑代表风（锋），琵琶代表调，雨伞代表雨，大蛇代表顺。这反映了农业社会人们对丰收之年的渴望。

图9-4 东方持国天王

图9-5 南方增长天王

图9-6 西方广目天王

图9-7 北方多闻天王

图9－8 哼将郑伦

图9－9 哈将陈奇

哼哈二将 [xəŋ^{55}xa^{55}ɚ^{53}tɕiaŋ^{51}]

“哼哈二将”来源于《封神演义》中的角色，哼将名叫郑伦，哈将名叫陈奇，后来他们演变为佛教守护寺庙的两位门神。两位神将异常威武神勇，哼将郑伦如遇敌人，只要鼻子一哼，就会响如洪钟，并随响声喷出白气，可吸敌人魂魄；哈将陈奇腹内有黄气，如遇敌人，只要张口哈出一口黄气，同样可以摄人魂魄，使敌人呆若木鸡，束手就擒。

喇嘛教 [la^{21}ma^{0}tɕiau^{51}]

在北京人们称藏传佛教为“喇嘛教”。藏传佛教与汉传佛教、南传佛教并称佛教三大体系。藏传佛教以大乘佛教为主，其下又可分成密宗与显宗。北京最著名的喇嘛教寺庙就是雍和宫。

喇嘛庙 [la^{21}ma^{0}miau^{51}]

在北京，说起“喇嘛庙”一般都是指雍和宫。据说当年雍正驾崩后曾在此停灵，乾隆皇帝又诞生于此，所以其殿宇由此升格为黄瓦红墙，与紫禁城相同。可以说，雍和宫是全国规格最高的一座佛教寺院。另一说法是雍正生于此处，因为当了皇帝，所以其原住处必须改为庙宇，不能让其他人再住了。

图9－10 雍和宫

烧头香 [ʂau^{55}t^{h}ou^{35}ɕiaŋ^{55}]

雍和宫香火极其旺盛，每年元旦时，香客们都赶来抢烧头炷香，虔诚祈求新年一切顺利。另外，雍和宫还有元旦舍粥的惯例，因此每年此时宫内外总是人山人海，香火不断。

图9－11 烧香（1）

图9－12 烧香（2）

图9－13 排队等候上香

香 [ɕiaŋ^{55}]

“香”是用木屑掺上香料做成的，样式和气味都有很多种。烧香是礼神拜佛的一种仪式，烧香时把香点着后插在香炉中，以向神灵和祖先表示诚意。

香炉 [ɕiaŋ^{55}lu^{35}]

“香炉”是用陶瓷或金属制作而成的焚香器具。一般寺庙中的香炉较大，多为金属的，而普通百姓人家的香炉较小，多为陶瓷的。

香案 [ɕiaŋ^{55}an^{51}]

用来放香炉的长方形桌子，百姓家中多为木制的，寺庙殿前多用石制的。

图9－14 香（1）

图9－15 香（2）

图9－16 香炉

图9－17 香案

转经筒 [tʂuan^{51}tɕiŋ^{55}t^{h}uŋ^{214}]

“转经筒”与六字真言（六字大明咒）有关，藏传佛教认为，诵读六字真言越多，越能够表达对佛祖的虔诚，最终能够摆脱轮回之苦。人们除了口诵外，还把六字大明咒经卷装于经筒内，用手摇转，每转动一次就相当于念诵经文一次。转经筒一般分为两类：一种是手摇式的，另一种是固定在寺庙中的轮架上的。

图9－18 转经筒

道观 [tɑu^{53}kuan^{51}]

道士修炼的地方被称为“观”，有的也称“庙”。北京地区有众多“道观”，如白云观、北顶娘娘庙等。

道观有两种性质：一是子孙观，子孙观由师徒之间代代相传，庙产可以继承，有专属的门派，其他门派的道友可以暂时居住，但不能插手庙务。二是丛林观，丛林观不收徒，庙产不能继承，属于天下所有道众共有。丛林观一般不分门派，凡是正式的道教弟子都有权利居住、管理庙务。北京地区的道观多为丛林观。

十方丛林 [ʂʅ^{35}fɑŋ^{55}ts^{h}uŋ^{35}lin^{35}]

丛林观也叫“十方丛林”或“十方常住”。所谓“十方”即东、南、西、北、东南、西南、西北、东北、上、下，这也含有天下所有道士均可来此的意思。

白云观 [pai^{35}yn^{35}kuan^{51}]

北京的“白云观”号称道教全真第一丛林，是北京最大的道观，也是整个北方地区数一数二的十方丛林。白云观是北京地区少数没被破坏的寺庙之一，据传是丘处机的弟子为其所建。白云观的正月迎春庙会极具特色。

图9－19 白云观庙会

图9－20 东岳庙

东岳庙 [tuŋ^{55}yᴇ^{53}miɑu^{51}]

始建于元代，主祀泰山神东岳大帝，是道教正一派在华北地区最大的宫观。历史上的东岳庙为国家祀典的场所，民间祭祀活动则更加盛大，如今它已成为北京市的民俗文化活动中心，每逢春节、端午、中秋、重阳等传统节日，仍然有丰富多彩的民俗活动在此举行。

碧霞元君 [pi^{51}ɕia^{35}yen^{35}tɕyn^{55}]

即“天仙玉女泰山碧霞元君”，又称“泰山娘娘、泰山老奶奶、泰山老母”等，是道教中的重要女神，也是中国历史上影响最大的女神之一。道教认为碧霞元君“庇佑众生，灵应九州”“统摄岳府神兵，照察人间善恶”。

北京老百姓对碧霞元君的信仰极盛，现在国家体育场“鸟巢”南边的北顶娘娘庙供奉的便是碧霞元君。据说当年为了保留此庙，“鸟巢”和“水立方”两座建筑从原有规划位置向北移了整整100米。

图9－21 碧霞元君

图9－22 画符

图9－23 天师镇宅图

画符 [xua^{51}fu^{35}]

道教中的一种法术，符就是画在黄色纸、帛上的一种图形或线条。道教认为符是天神的文字，是传达神意的用具，用它可以降妖镇魔、治病除灾。有的符可以烧后溶于水中，让人饮下；有的符可以贴在墙上。

赑屃 [pi^{53}ɕi^{51}]

又名“霸下”，是一种在寺庙、宫殿、祠堂、陵墓中均可见到的神兽，多为背负石碑的形象。龙有九子，赑屃便是其一，且一般都排在九子之首。传说上古时代赑屃驮着三山五岳兴风作浪，后来被大禹收服后协助治水，成功后人禹怕它再生是非就让它背负石碑，碑上刻有赑屃治水之功。赑屃是长寿和吉祥的象征，据说摸它能给人带来好运。

图9－24 赑屃

礼拜寺 [li^{21}pai^{53}sɿ^{51}]

即清真寺，是伊斯兰教穆斯林礼拜的地方。穆斯林就是信奉伊斯兰教的人。伊斯兰教大约在五代十国时期传入北京地区。目前北京地区共有40多座清真寺，其中牛街清真寺是北京最古老也最有名的清真寺。

教堂 [tɕiau^{51}thaŋ^{35}]

“教堂”是基督教、天主教等举行宗教事宜的地方。北京的教堂也较多，每到周末便有信教群众前去做礼拜。比较有名的例如北京基督教会崇文门堂，它始建于 1870 年，是美国卫理公会在北京乃至整个华北地区建立的第一座礼拜堂。

二　民间信仰

土地爷 [$t^{h}u^{21}ti^{51}i\text{ɛ}^{35}$]

“土地爷”是非常著名的民间神。土地爷源于古代的社神，有时也被当作财神。因为农业文化使人们将土地等同于财产，而北京城的土地更是寸土寸金，所以土地爷就具有了非常显赫的地位。旧时一般家庭都在厅堂中供奉土地爷，日常不供奉的，也会在重要节日设香案、供品祭拜。除了一般百姓，商家也经常把土地爷奉为守护神。

相比土地爷，土地奶奶就没有那么出名了，据说她的一大特点是爱说实话。传说当年玉皇大帝将土地爷下放到凡间时，问他有什么愿望。土地爷说他希望人们的生活都富足，但土地奶奶却说人应该有富有贫，这样才能有干活儿的动力。土地爷来到凡间，见到人们生离死别后动了恻隐之心，想让死者复活，但又被土地奶奶拦住，说如果只生不死，那人间会拥挤不堪。老百姓一般都不太喜欢土地奶奶，通常都不祭祀她。

图9－25 土地爷和土地奶奶

图9－26 土地庙（1）

图9－27 土地庙（2）

图9－28 子孙爷和子孙娘娘

图9－29 河龙王

子孙爷[tsɿ^{21}suən^{55}iᴇ^{35}] / **子孙娘娘** [tsɿ^{21}suən^{55}niaŋ^{35}niaŋ^{0}]

“子孙爷”“子孙娘娘”是民间掌管生育的神灵，求子之人常常去庙里上香。

龙王 [luŋ^{35}uaŋ^{0}]

“龙王”是掌管水的神仙，有不同的等级，管海的是海龙王，管河的是河龙王，管井的是井龙王。北京虽不靠海，但河流却不少，于是就产生了相应的河龙王。信奉河龙王的人们经常会前往龙王庙拜祭以求风调雨顺、五谷丰登。有些人家还会在家中供奉。

火神庙 [xuo^{21}ʂən^{35}miau^{51}]

旧时民间的消防能力远不如今天，一旦发生火灾，损失将会非常巨大，因此防火可以算是各种安防活动中最重要的事情。为了避免失火，人们通常会修建“火神庙”，定期拜祭以求平安。官方也会出资协助建设，并命名为“敕建火德真君庙”或“敕建火神庙”。

图9－30 火神庙

图9－31 神龛

图9－32 牌位

神龛 $[\text{ʂən}^{35}\text{k}^{h}\text{an}^{55}]$

“神龛”是放置神明、祖宗塑像或灵牌的木制小阁。神龛的大小规格依祠庙厅堂面积和神位多少而定。神像龛与祖宗龛不太一样：神像龛一般为开放式，无龛门；祖宗龛通常有龛门。祖宗龛多为竖长方形，神像龛多为横长方形。

牌位 $[\text{p}^{h}\text{ai}^{35}\text{uei}^{0}]$

“牌位”又称“灵牌”“灵位”，一般为木制的。根据民间传统，对往生者首先要保证一个“安”字，比如说“安息”“安放”“入土为安”等，不能动辄将棺木拿出进行祭拜，因此旧时一个人去世后家人都会为其制作牌位，作为肉体与灵魂分离之后的安魂之所。牌位上书写逝者姓名、称谓，以供人祭奠。今天城市居民使用牌位进行祭奠的越来越少，一般都摆放逝者的照片、画像进行祭奠。

五供 $[\text{u}^{21}\text{kuŋ}^{51}]$

“五供”由一只鼎、一对烛台、一对花觚组成。五供用于盛放向神佛提供的五种专门的供物，五种供物包括：香、花、灯、水、果。香可上达于天，下彻于地；花能舞动阳气；灯可照耀天地；水能起到通畅、洗净的作用；果表示果实，有修成正果的意思。

图9－33 五供（1）

图9－34 五供（2）

供果 [kuŋ^{51}kuo^{214}]

在供奉祖先神佛时，常常会摆放水果供神明享用，称为“供果”。鲜果保存时间较短，为了长期摆放，有时会用一些瓷质水果来代替。在夜间还会在神龛前点上蜡烛照明。

图9－35 瓷供果（1）

图9－36 瓷供果（2）

图9－37 盘龙蜡烛

年年有余 [niɛn^{35}niɛn^{35}iou^{21}y^{35}]

“鱼”“余”同音，有钱人家为了祈求富庶的生活，通常会在家里摆放大鲤鱼瓷器。

图9－38 年年有余

寿槐 [ʂou^{51}xuai^{35}]

北京民谣“先有老槐树，后有东岳庙”，说的就是东岳庙里的“寿槐”。人们来庙里祭祀或者逛庙会时，都会摸一摸它，传说绕树走三圈就能强身健体。

状元槐 [tʂuaŋ^{51}yɛn^{0}xuai^{35}]

“状元槐”也在东岳庙内，之所以叫这个名字，是因为传说主管考试和仕途的文昌帝君会在此槐树下决定考生的名次和仕途。据说，清光绪年间河北举人刘春霖进京赶考，在东岳庙参拜过文昌阁后在这株古槐下做了一梦，梦见自己被点为状元。几天后殿试表现并不太好，不是前三名。但慈禧太后在最后审定名单时，却阴差阳错地把前几名都给否掉了，一直看到刘春霖才满意，原因是当时河北大旱，春霖表示下雨，所以成就了刘春霖。今天仍然有许多希望考试成功或仕途顺利的人专门来到东岳庙，在状元槐下绕几圈。

图9－39 寿槐

图9－40 状元槐

摸铜特 [mo^{55}t^{h}uŋ^{35}t^{h}ɤ^{51}] / 摸玉马 [mo^{55}y^{51}ma^{214}]

北京有“摸铜特”“摸玉马”的风俗。东岳庙后罩楼文昌殿前立有文昌帝君的一匹铜特和一匹白马。白马名为玉马，摸它能保佑出入平安，马到成功。铜特是一种神兽，长着驴面、骡身、马耳、牛蹄，俗称铜骡子，高三尺许。传说东岳庙的铜骡子能治病，哪里不舒服，只要先摸摸自己，再摸摸铜骡子相应的部位，病就会好。

图9－41 摸铜特

图9－42 铜特

图9－43 玉马

摸石猴儿 [mo^{55}ʂʅ^{35}xour^{35}]

“摸石猴儿”是白云观著名的传统民俗活动，有俗语说：“三猴不见面，铁打白云观，有门无人走，倒坐南极殿。”“三猴不见面”就是说白云观中藏着三只猴子，谁能在逛白云观时找齐这三只猴子并摸上一摸，是非常吉利的事情。

图9－44 摸石猴儿

十二生肖壁 [ʂʅ^{35}ɚ^{51}ʂəŋ^{55}ɕiɑu^{55}pi^{51}]

据说人们在白云观的十二生肖壁上摸一摸自己的生肖图案，就能为自己带来好运，免除灾祸。

图9－45 十二生肖壁

摸石鱼 [mo^{55}ʂʅ^{35}y^{35}]

据说摸潭柘寺内的石鱼能够祛病健身。

图9－46 摸石鱼

打钱眼儿 [ta^{21}tɕ^{h}ien^{35}iɐr^{214}]

在白云观的窝风桥“打钱眼儿”，也是老北京的一项传统活动。窝风桥下没有水，庙会时在桥下悬挂一个周长三尺左右的大铜钱，钱眼中挂着一个小铜铃，游客用硬币击打，打中铜铃者被视为有好运。

图9－47 打钱眼儿（白云观庙会）

图9－48 打钱眼儿（莲花池庙会）

图9－49 打钱眼儿（潭柘寺庙会）

拜太岁 [pai^{53}t^{h}ai^{53}suei^{51}]

犯太岁又叫冲太岁，民间认为犯太岁者在当年容易百事不顺，事业多难，身体多病，因此需要“拜太岁”以化解。拜太岁活动大多在正月初八举行，也有在正月十五的，多数人去庙宇拜太岁，也有在自己家里拜的。

图9－50 拜太岁

挂福条儿 [kua^{51}fu^{35}t^{h}iaur^{35}]

“挂福条儿”是后起的一种民俗活动。挂福条时，人们在红色的福条儿上写满祝愿，签上名字日期，然后将其挂起来。

图9－51 挂福条儿

〔北京方言音系〕

一　声母（22个，含零声母）

p 八兵病	p^h 派片爬	m 麦明	f 飞风副蜂肥	
t 多东毒	t^h 讨天甜	n 脑南年泥	l 老蓝连路	
ts 资早租字贼坐	ts^h 刺草寸祠		s 丝三酸	
tʂ 张柱争纸	$tʂ^h$ 抽抄床车船城		ʂ 事山顺手十	ʐ 热软
tɕ 酒九	$tɕ^h$ 清轻权		ɕ 想谢响县	
k 高共	k^h 开		x 好灰活	
Ø 味问熬月安温王云用药				

二　韵母（38个，不含自成音节）

ɿ 丝	i 米戏急七一锡	u 苦五猪骨出谷	y 雨橘绿局
ʅ 师试十直尺			
ɚ 二儿			
a 茶塔法辣八	ia 牙鸭	ua 瓦刮	
	iᴇ 写鞋接贴节		yᴇ 靴月

ɤ 歌盒热			
o 拨泼摸		uo 坐过活托郭国	
ai 开排白		uai 快	
ei 赔飞北		uei 对鬼	
ɑu 宝饱	iɑu 笑桥药壳（地~）		
ou 豆走	iou 油六		
an 南山半	iɛn 盐年	uan 短官	yɛn 权
ən 深根	in 心新	uən 寸滚春	yn 云
ɑŋ 糖	iɑŋ 响讲	uɑŋ 床王双	
əŋ 灯升争横	iŋ 硬病星	uəŋ 翁嗡瓮	
	iuŋ 兄用	uŋ 东	

三　单字调（4个）

阴平 [55]　东该灯风通开天春搭哭拍切

阳平 [35]　门龙牛油铜皮糖红节急毒白盒罚

上声 [214]　懂古鬼九统苦讨草买老五有谷百塔

去声 [51]　冻怪半四痛快寸去卖路硬乱洞地饭树动罪近后刻六麦叶月

四　连读变调

（1）上声变调

①214+214 → 35+214

②214+非上声→ 21+非上声

（2）去声变调

51+51 → 53+51

（3）“一、不”等字的变调

①当后跟去声字时，“一、不”的调值变为35。

②“一”在阴平、阳平、上声字前调值变为51。

五　轻声变韵

① ɤ→ə

② ai→ɛ

说明：此处只记主要变化，其他细微变化未记。

六　儿化变韵

ɿ→ər	i→iər	u→ur	y→yər
ʅ→ər			
a→ɐr	ia→iɐr	ua→uɐr	
	iᴇ→iᴇr		yᴇ→yᴇr
ɤ→ɤr			
o→or		uo→uor	
ai→ɐr		uai→uɐr	
ei→ər		uei→uər	
ɑu→ɑur	iɑu→iɑur		
ou→our	iou→iour		
an→ɐr	iɛn→iɐr	uan→uɐr	yɛn→yɐr
ən→ər	in→iər	uən→uər	yn→yər
ɑŋ→ɑ̃r	iɑŋ→iɑ̃r	uɑŋ→uɑ̃r	
əŋ→ə̃r	iŋ→iə̃r	uəŋ→uə̃r	
	iuŋ→iũr	uŋ→ũr	

〔参考文献〕

爱新觉罗·瀛生，于润琦．京城旧俗．北京：北京燕山出版社，1998．

常人春．红白喜事——旧京婚丧礼俗．北京：北京燕山出版社，1996．

常人春．北京史话 9·老北京的年节．北京：中国城市出版社，2000．

定宜庄．老北京人的口述历史．北京：中国社会科学出版社，2009．

高艾军，傅民．北京话词语．北京：北京大学出版社，2001．

郭德刚．话说北京．北京：中国城市出版社，1999．

侯长春，王露平．画说老北京．北京：人民美术出版社，2008．

黄　涛．语言民俗与中国文化．北京：人民出版社，2002．

刘晓海．当代中国大城市方言文化的几个特点——以北京市为例．澳门理工学报（人文社会科学版）．2012．

首都之窗．北京市 2013 年国民经济和社会发展统计公报．

王　彬，徐秀珊．北京老宅门．北京：团结出版社，2002．

王　彬，崔国政．燕京风土录．北京：光明日报出版社，2007．

王秉恩．老北京风俗词典．北京：中国青年出版社，2009．

王其明．京华博览丛书·北京四合院．北京：中国书店，1999．

翟鸿起．老北京的街头巷尾．北京：中国书店，1997．

赵鸿明，汪萍．旧时明月·老北京的风土人情．北京：当代世界出版社，2004．

赵兴华．北京史话 2·老北京庙会．北京：中国城市出版社，1999．

周一民．现代北京话研究．北京：北京师范大学出版社，2002．

〔索 引〕

一 词条索引

Ⓐ

艾窝窝 100

Ⓑ

八大祥 141
八吉祥 093
八仙桌儿 063
拔根儿 218
白云观 241
拜年 190
拜太岁 253
拜堂 168
拜月 205
板儿车 122
板儿锹 123
棒槌 074
包饺子 188
保险箱 146
报喜 170
爆肚儿 104
被中香炉 073
鼻烟 117
鼻烟壶 117
赑屃 243
辟毒 208
碧霞元君 242
冰糖葫芦 109
冰箱 058
拨锤 074
拨浪鼓 225
簸箕 122
补花儿 138
步瀛斋 143

Ⓒ

礤子 055
裁缝 146
彩礼 162
踩岁 189
菜摊儿 153
蚕丝被 128
槽 121
草帽儿 088
插柳 204
茶具 059
茶汤 106
茶旋子 059
茶叶筒 059
唱京戏 231
炒肝儿 105
城门楼 044
城墙 048
吃元宵 201
重阳糕 210
抽杀杀 217
抽屉 064
出门子 160

吹糖人儿 128
垂花门 019
锤子 075
春节庙会 192
春卷儿 209
瓷娃娃 228
氽子 069
村儿 035
搓衣板儿 075

D

打冰出溜 220
打卤面 097
打钱眼儿 252
大观楼 147
大柜 066
大年初一 190
大年三十儿 187
大杂院儿 033
大栅栏 139
锴锴车 079
倒座儿 018
道观 241
灯会 199
戥子 146
地 120
地炉儿 062
点心匣子 054
雕漆 133
定亲 162
东岳庙 242
冬至饺子 210
兜兜儿 082
斗 123
斗篷 083
抖空竹 214
斗蛐蛐儿 222
豆腐梆子 149
豆汁儿 103
都一处 144
墩儿饽饽 101

E

耳房 025
耳罩儿 087
二锅头 125
二米子饭 187

F

方几儿 065
房捐 150
纺线 127
放鞭炮 166
放大定 162
放风筝 203
放小定 162
风车儿 225
风帽儿 086
福寿盘儿 176
斧子 075

G

盖帘儿 055
杆儿秤 076
擀面杖 055
缸 057
饹馇儿盒儿 108
鸽哨儿 223
根雕 133
宫毯 134
供果 249
沟眼儿 033
挂福条儿 253
挂年画儿 184
挂钟 071
拐棍儿 073
关东糖 111
馆子 143
广告 151
广亮大门 012
滚铁环儿 215
国子监街 039
过百岁儿 170
过嫁妆 163
过满月 170
过年 180
过小年儿 182

H

寒食十三绝 204
汗巾 090
旱烟 116

合义斋	109
饸饹面	097
荷包儿	089
哼哈二将	238
横批	183
红票	232
后罩房	030
胡同儿	036
壶套儿	060
壶托儿	059
户对	015
护国寺小吃	108
花盆儿炉子	068
划拳	116
画符	243
幌子	077
回礼	169
回门儿	169
回娘家	191
会启	155
婚书	161
火神庙	247
货郎担子	146

J

鸡毛掸子	074
忌扫除	191
祭财神	192
祭灶	182
祭祖	190
夹板儿	075
剪纸	134
江米炸糕	100
姜丝儿排叉儿	102
焦圈儿	102
脚炉儿	073
教堂	244
接神	190
戒指	092
芥末墩儿	187
金锭	076
金鱼缸	022
金柱大门	012
京帮菜	113
井	040
景泰蓝	131
敬酒	115
镜帘儿	073
九九消寒图	211
九连环	223
酒令	116
酒曲	126
酒烫子	060
酒糟	126
菊儿胡同	038
剧本儿	233
军用挎包	090

K

开口笑	100
开门炮仗	190
坎肩儿	082
炕	062
炕笤帚	074
炕桌儿	063
烤白薯	110
烤鸭	114
靠背椅	064
克朗棋	229
客栈	152
跨火盆儿	167
跨马鞍	167
筷笼子	057
筐	123

L

拉绳儿玩具	224
拉洋片儿	226
喇嘛教	238
喇嘛庙	238
腊八儿	180
腊八儿蒜	181
腊八儿粥	181
廊子	030
老字号	140
礼拜寺	244
敛巧饭	201
料器	137
撂地儿相声儿	230
琉璃厂街	039
龙抬头	209
龙王	247
漏壶	072

卤煮火烧 105
露地 029
驴打滚儿 099
螺蛳转儿 099

M

麻团儿 100
马车 078
马灯 070
蛮子门 013
毛细 097
茅房 032
帽儿胡同 038
帽架儿 087
帽盔儿 086
煤油灯 070
门墩儿 016
门帘带子 167
门帘子 025
门牌号儿 077
门神 185
棉布帽子 087
棉花糖 112
棉窝 085
面茶 106
庙会 155
明间儿 / 次间儿 024
摸城门钉儿 201
摸石猴儿 252
摸石鱼 252
摸铜特 / 摸玉马 251
磨 121
模子 055
木托儿 060
木箱 066

N

纳鞋底儿 135
奶油炸糕 101
南锣鼓巷 037
闹洞房 169
内联升 142
泥咕咕打老虎 227
泥人儿 130
年糕 198
年货大集 184
年年有余 250
年夜饭 187
碾磙子 136
碾子 120
酿酒 125
捏面人儿 130

P

排子房 035
牌楼 040
牌位 248
盘香 071
盘子 057
碰头食 098
皮影儿 226
票证 077
品茶 116
屏风 067
屏门 021
笸箩 122
破五 198

Q

旗袍儿 083
汽锅子 056
汽水儿 112
千层底儿 086
谦祥益 141
敲锣 149
桥 048
切菜板儿 055
圈儿椅 064
群房 030

R

荣宝斋 145
绒鸟儿 133
肉末儿烧饼 104
如意门 013
入洞房 168
瑞蚨祥 141

S

三轮儿 149
馓子 102
扫房子 183
沙燕儿 134

砂鼓子 056
山墙 027
山药糕 107
山楂糕 106
上坟 202
上马石 018
烧卖 103
烧头香 239
烧纸 202
勺子 057
舍利子 237
摄影机 148
神龛 248
升 123
十二生肖壁 252
十方丛林 241
石板路 050
石敢当 032
时辰蜡 072
柿饼儿 110
手把玩 224
手链儿 090
手炉儿 073
手推车 122
守岁 189
寿槐 250
寿堂 173
寿幛 176
书摊儿 152
梳头匣子 164
数来宝 230

涮羊肉 113
双喜将军罐儿 164
水果糖 112
水瓢 058
水哨儿 229
水烟 117
水烟袋 061
说媒 160
丝绸 128
四大金刚 237
四合院儿 010
寺庙 236
松肉 110
塑料编花儿 137
酸枣面儿 111
蒜臼子 058
算盘 076
随墙门儿 015

T

踏青 203
太师椅 064
搪瓷盆儿 056
糖耳朵 101
糖火烧 101
藤椅 065
踢毽子 215
提盒儿 054
提笼儿架鸟儿 223
提亲 160
剃头挑子 150

天地桌儿 190
天福号 144
天棚 022
条案 065
条凳 065
跳间儿 216
跳皮筋儿 217
贴窗花儿 183
贴春联儿 183
贴喜字 166
亭子 051
通风口儿 028
铜脸盆 069
铜铁锡鼓 149
铜子儿 076
头箍儿 087
土地爷 245
兔儿爷 206
推牌九 221

W

瓦垄儿 027
瓦片儿 028
豌豆黄儿 210
碗 057
围嘴儿 084
文会武会 156
握手平衡 216
吴裕泰 145
五供 248
五脊六兽 028

X

洗三儿 170
喜糖 167
下象棋 / 打麻将 221
鲜鱼口儿 140
咸酥烧饼 104
香 240
香案 240
香包儿 089
香漏 072
香炉 240
香薰 093
厢房 026
祥义号 142
小板凳儿 066
小鸡啄米 228
小脚儿布鞋 085
小摊儿 152
鞋拔子 074
信柜 148
杏仁儿豆腐 106
修脚 137
绣花儿鞋 085
选冠军 219

Y

压马石 018
压岁钱 191
烟袋锅儿 061
烟袋斜街 038
烟灰缸儿 061
盐罐儿 055
扬场机 124
洋车 078
咬春 208
药铺 135
药匣子 150
夜市 153
一品当朝 164
宜嫁娶 185
银锭 076
迎亲 165
影壁 016
油布伞 074
油灯 070
月份牌儿 072
月门儿 031
熨斗 075

Z

栽绒帽子 088
簪子 091
择吉 160
炸灌肠儿 111
炸酱面 096
炸丸子 105
铡刀 124
宅门 011
账本儿 147
招牌 140
笊篱 058
针线笸箩 164
枕头匣子 164
正月 180
正房 023
支炉儿 056
支摘窗 025
芝麻酱面 096
芝麻糖片儿 111
织布 127
纸花儿 229
中国书店 145
钟 051
钟鼓楼 050
抓羊拐 218
抓周儿 172
拽包儿 219
砖雕 014
转经筒 241
状元槐 250
撞拐 219
镯子 091
子孙爷 / 子孙娘娘 247
自来红 / 自来白 206
粽子 208
走马灯 200
坐月子 170
座次 115
座钟 070
做寿 173

二 图片索引

壹 房舍建筑

1–1 鼓楼地区的老北京民居 008
1–2 四合院儿示意图 010
1–3 王府大门 011
1–4 广亮大门 012
1–5 金柱大门 012
1–6 蛮子门 013
1–7 如意门 013
1–8 砖雕（1） 014
1–9 砖雕（2） 014
1–10 户对 015
1–11 随墙门儿 015
1–12 抱鼓形门墩儿 016
1–13 箱形门墩儿 016
1–14 跨山式内影壁 017
1–15 八字式外影壁 017
1–16 一字式外影壁 017
1–17 上马石 018
1–18 有雕刻的上马石 018
1–19 压马石 018
1–20 倒座儿（图中左侧的房屋） 019
1–21 垂花门 020
1–22 方形垂莲柱 020
1–23 垂花门后的屏门 021
1–24 垂花门后的木影壁 021
1–25 木影壁（从内宅向外看） 021
1–26 从内院看屏门 021
1–27 葡萄架子 022
1–28 金鱼缸（1） 022
1–29 金鱼缸（2） 022
1–30 正房（未含两侧耳房） 023
1–31 明间儿（中间的） 024
1–32 明间儿（西边的） 024
1–33 次间儿 024
1–34 支摘窗 025
1–35 面向正房右侧的耳房 025
1–36 面向正房左侧的耳房 025
1–37 厢房 026
1–38 瓦垄儿 027
1–39 山墙 027
1–40 山墙顶部的通风口儿 028
1–41 山墙底部的通风口儿 028

1–42 瓦片儿 028
1–43 垂脊和六兽（1） 028
1–44 垂脊和六兽（2） 029
1–45 鸱吻 029
1–46 露地（1） 029
1–47 露地（2） 029
1–48 廊子 030
1–49 后罩房 030
1–50 群房 030
1–51 透过月门儿看群房 030
1–52 月门儿 031
1–53 远观月门儿 031
1–54 石敢当（1） 032
1–55 石敢当（2） 032
1–56 公厕 032
1–57 沟眼儿（1） 033
1–58 沟眼儿（2） 033
1–59 大杂院儿（1） 033
1–60 大杂院儿（2） 034
1–61 排子房 035
1–62 山坡上的村庄 035
1–63 农村民宅的如意门 035
1–64 石头墙 035
1–65 柴房 035
1–66 胡同儿（1） 036
1–67 胡同儿（2） 036
1–68 胡同儿（3） 037
1–69 后圆恩寺胡同 037
1–70 烟袋斜街地图 038
1–71 烟袋斜街 038
1–72 国子监街 039
1–73 琉璃厂街 039
1–74 井 040
1–75 颐和园牌楼（三间四柱三楼冲天式） 041
1–76 雍和宫牌楼（三间四柱七楼不出头式） 041
1–77 成贤街牌楼（一间二柱三楼垂花柱出头悬山顶式） 042
1–78 东岳庙牌楼（三间四柱七楼不出头琉璃式） 043
1–79 前门牌楼（五间六柱五楼冲天式） 043
1–80 西单牌楼（三间四柱三楼冲天式） 043
1–81 正阳门城楼 044
1–82 正阳门箭楼 045
1–83 天安门（原名承天门） 045
1–84 德胜门箭楼 046
1–85 宛平城城楼 047
1–86 元大都土城墙 048
1–87 紫禁城城墙 048
1–88 卢沟桥 048
1–89 银锭桥 049
1–90 界凡桥 049
1–91 石板路 050
1–92 钟楼 050
1–93 钟楼湾 050
1–94 鼓楼 050
1–95 钟 051
1–96 亭子 051

贰　日常用具

2–1 八仙桌　052
2–2 提盒儿（1）　054
2–3 提盒儿（2）　054
2–4 点心匣子　054
2–5 礤子　055
2–6 糕点模子　055
2–7 盐罐儿　055
2–8 盖帘儿　055
2–9 切菜板儿　055
2–10 擀面杖　055
2–11 支炉儿　056
2–12 砂鼓子　056
2–13 汽锅子　056
2–14 搪瓷盆儿（1）　056
2–15 搪瓷盆儿（2）　056
2–16 碗　057
2–17 盘子　057
2–18 勺子　057
2–19 筷笼子　057
2–20 水缸　057
2–21 葫芦水瓢　058
2–22 笊篱　058
2–23 蒜臼子　058
2–24 旧式冰箱　058
2–25 茶具　059
2–26 茶壶　059
2–27 茶旋子　059
2–28 茶叶筒，茶叶罐　059
2–29 壶托儿　059
2–30 木托儿　060
2–31 酒烫子　060
2–32 壶套儿（1）　060
2–33 壶套儿（2）　060
2–34 烟盒、烟斗、烟袋锅儿等烟具　061
2–35 水烟袋　061
2–36 烟灰缸儿　061
2–37 炕　062
2–38 床　062
2–39 地炉儿　063
2–40 炕桌儿　063
2–41 八仙桌儿　063
2–42 抽屉　064
2–43 太师椅（1）　064
2–44 太师椅（2）　064
2–45 圈儿椅　064
2–46 靠背椅　064
2–47 方几儿（1）　065
2–48 方几儿（2）　065
2–49 藤椅　065
2–50 炕上的条案　065
2–51 条凳　065
2–52 小板凳儿　066
2–53 木箱　066
2–54 打开的木箱　066
2–55 雕花樟木箱　066
2–56 大柜（1）　066
2–57 大柜（2）　066
2–58 屏风（1）　067
2–59 屏风（2）　067
2–60 花盆儿炉子　068

2–61 汆子 069
2–62 铜脸盆（1） 069
2–63 铜脸盆（2） 069
2–64 油灯 070
2–65 煤油灯（1） 070
2–66 煤油灯（2） 070
2–67 马灯 070
2–68 落地座钟 070
2–69 座钟 070
2–70 挂钟 071
2–71 盘香（1） 071
2–72 盘香（2） 071
2–73 时辰香 071
2–74 漏壶 072
2–75 屏风香漏 072
2–76 时辰蜡 072
2–77 月份牌儿 072
2–78 镜帘儿 073
2–79 被中香炉 073
2–80 拐棍儿 073
2–81 手炉儿 073
2–82 金属脚炉儿 073
2–83 鞋拔子 074
2–84 油布伞 074
2–85 鸡毛掸子 074
2–86 炕笤帚 074
2–87 拨锤 074
2–88 麻绳和拨锤 074
2–89 棒槌 074
2–90 搓衣板儿 075
2–91 熨斗（1） 075
2–92 熨斗（2） 075
2–93 锤子 075
2–94 斧子 075
2–95 夹板儿 075
2–96 金锭 076
2–97 银锭 076
2–98 清代铜币 076
2–99 杆儿秤 076
2–100 算盘 076
2–101 幌子 077
2–102 门牌号儿 077
2–103 票证 077
2–104 洋车（1） 078
2–105 洋车（2） 078
2–106 马车 078
2–107 前门铛铛车（1） 079
2–108 前门铛铛车（2） 079

叁　服饰穿戴

3–1 传统服饰 080
3–2 坎肩儿 082
3–3 兜兜儿（1） 082
3–4 兜兜儿（2） 082
3–5 棉斗篷 083
3–6 旗袍儿 083
3–7 围嘴儿（1） 084
3–8 围嘴儿（2） 084
3–9 绣花儿鞋 085
3–10 小脚儿布鞋 085
3–11 棉窝 085
3–12 小圆口布鞋 086

3–13 白边懒布鞋 086
3–14 鞋垫 086
3–15 帽盔儿 086
3–16 风帽儿（1） 086
3–17 风帽儿（2） 086
3–18 帽架儿 087
3–19 耳罩儿 087
3–20 头箍儿 087
3–21 棉布帽子 087
3–22 栽绒帽子 088
3–23 草帽儿 088
3–24 香包儿 089
3–25 荷包儿 089
3–26 各式荷包儿 089
3–27 军用挎包 090
3–28 手链儿 090
3–29 汗巾 090
3–30 镯子（玉质） 091
3–31 镯子（金镶玉） 091
3–32 簪子 091
3–33 金钗 091
3–34 戒指 092
3–35 整套首饰 092
3–36 八吉祥 093
3–37 香薰 093

肆　饮食起居

4–1 茶汤 094
4–2 炸酱面 096
4–3 芝麻酱面 096
4–4 西红柿鸡蛋打卤面 097
4–5 毛细面条 097
4–6 饸饹床子（局部） 097
4–7 小吃摊 098
4–8 驴打滚儿 099
4–9 螺蛳转儿（1） 099
4–10 螺蛳转儿（2） 099
4–11 螺蛳转儿（3） 099
4–12 艾窝窝 100
4–13 江米炸糕 100
4–14 开口笑 100
4–15 麻团儿 100
4–16 墩儿饽饽 101
4–17 奶油炸糕 101
4–18 糖耳朵 101
4–19 糖火烧 101
4–20 馓子 102
4–21 姜丝儿排叉儿 102
4–22 排叉儿 102
4–23 焦圈儿 103
4–24 豆汁儿 103
4–25 烧卖 103
4–26 肉末儿烧饼 104
4–27 咸酥烧饼 104
4–28 爆肚儿 104
4–29 卤煮火烧（1） 105
4–30 卤煮火烧（2） 105
4–31 炒肝儿 105
4–32 炸丸子汤 105
4–33 面茶 106
4–34 杏仁儿豆腐 106
4–35 山楂糕 107

4–36 山药糕 107
4–37 饹馇儿盒儿 108
4 38 护国寺小吃店 108
4–39 合义斋 109
4–40 冰糖葫芦（1） 109
4–41 冰糖葫芦（2） 109
4–42 烤白薯 110
4–43 柿饼儿 110
4–44 松肉（1） 110
4–45 松肉（2） 110
4–46 酸枣面儿 111
4–47 芝麻糖片儿 111
4–48 关东糖 111
4–49 炸灌肠儿 111
4–50 水果糖 112
4–51 棉花糖 112
4–52 北冰洋汽水儿 112
4–53 涮羊肉（1） 113
4–54 涮羊肉（2） 113
4–55 涮肉作料（韭菜花、酱豆腐）113
4–56 全聚德烤鸭店 114
4–57 烤鸭（1） 114
4–58 烤鸭（2） 114
4–59 烟袋 116
4–60 抽水烟的工具 117
4–61 鼻烟壶（1） 117
4–62 鼻烟壶（2） 117

伍　农工百艺

5–1 景泰蓝 118
5–2 地 120
5–3 地里的作物 120
5–4 碾子 121
5–5 石磨 121
5–6 石槽 121
5–7 板儿车 122
5–8 手推车 122
5–9 簸箕 122
5–10 笸箩 122
5–11 筐 123
5–12 斗 123
5–13 升 123
5–14 木制板儿锹 123
5–15 扬场机 124
5–16 铡刀 124
5–17 酿酒用具 125
5–18 酒篓子 125
5–19 块曲 126
5–20 酒糟 126
5–21 纺车 127
5–22 织布机 127
5–23 织布 127
5–24 丝绸 128
5–25 蚕丝 128
5–26 蚕丝被 128
5–27 吹糖人儿 129
5–28 糖人儿 129
5–29 捏面人儿 130
5–30 面人儿 130
5–31 泥人儿（1） 130
5–32 泥人儿（2） 130
5–33 景泰蓝铜胎 131

5–34 掐丝 131
5–35 大型景泰蓝 132
5–36 雕漆 133
5–37 雕漆屏风 133
5–38 雕漆小玩意 133
5–39 根雕 133
5–40 绒鸟儿 133
5–41 沙燕儿风筝（1） 134
5–42 沙燕儿风筝（2） 134
5–43 制作宫毯的工具 134
5–44 剪纸 135
5–45 纳鞋底儿 135
5–46 中药药柜 135
5–47 碾磙子 136
5–48 药臼 136
5–49 银锅 136
5–50 珍珠（中药原料） 136
5–51 铜人（找穴位用） 136
5–52 修脚铺 137
5–53 料器制作 137
5–54 塑料编花儿 137
5–55 补花儿（1） 138
5–56 补花儿（2） 138
5–57 大栅栏 139
5–58 鲜鱼口儿 140
5–59 牌匾招牌 140
5–60 瑞蚨祥 141
5–61 谦祥益（1） 141
5–62 谦祥益（2） 141
5–63 祥义号 142
5–64 内联升 142
5–65 步瀛斋 143
5–66 都一处 144
5–67 天福号 144
5–68 吴裕泰 145
5–69 荣宝斋 145
5–70 中国书店（1） 145
5–71 中国书店（2） 145
5–72 货郎担子 146
5–73 戳子 146
5–74 保险箱 146
5–75 账本儿 147
5–76 大观楼 147
5–77 拍摄《定军山》的木壳摄影机仿制品 148
5–78 信柜 148
5–79 旧式邮筒 148
5–80 三轮车 149
5–81 铜铁锡鼓 149
5 82 豆腐梆子 149
5–83 锣 149
5–84 药匣子 150
5–85 剃头挑子 150
5–86 房捐收据 150
5–87 电费通知单 150
5–88 旧时广告画 151
5–89 客栈 152
5–90 路边小摊儿 152
5–91 书摊儿 152
5–92 菜摊儿 153
5–93 夜市 153
5–94 庙会（1） 154

5–95 庙会（2） 154
5–96 会启（1） 155
5–97 会启（2） 155
5–98 清茶圣会（1） 156
5–99 清茶圣会（2） 156
5–100 馒头圣会（1） 157
5–101 馒头圣会（2） 157

陆　人生仪礼

6–1 发轿迎亲 158
6–2 婚书 161
6–3 女用婚书 161
6–4 放大定 162
6–5 鹅笼 162
6–6 梳妆台 163
6–7 双喜瓷瓶 163
6–8 双喜茶壶 163
6–9 双喜装饰盒 163
6–10 匣子 163
6–11 胭脂盒等化妆用品 163
6–12 梳头匣子 164
6–13 双喜将军罐儿 164
6–14 枕头匣子 164
6–15 一品当朝礼盒 164
6–16 针线笸箩 164
6–17 迎亲 165
6–18 花轿 166
6–19 桌围 166
6–20 围帐，枕套 166
6–21 火盆儿 167
6–22 马鞍 167
6–23 红盖头 168
6–24 花烛 168
6–25 婚床 168
6–26 洞房里的衣柜 169
6–27 长命锁（项链式） 171
6–28 长命锁 171
6–29 百家衣 171
6–30 抓周儿盘 172
6–31 寿堂 174
6–32 福禄寿三星挂图 176
6–33 麻姑献寿图 176
6–34 福禄寿三星 176
6–35 福寿盘儿 176
6–36 寿幛 177
6–37 贺寿桌围 177
6–38 麻姑献寿门帘 177

柒　岁时节令

7–1 兔儿爷 178
7–2 腊八儿粥 181
7–3 腊八儿粥原料 181
7–4 腊八儿蒜 181
7–5 糖瓜 182
7–6 灶王牌位 182
7–7（灶王爷、灶王奶奶）
画像印板 182
7–8 窗花儿（1） 183
7–9 窗花儿（2） 183
7–10 春联儿 183
7–11 年画儿 184
7–12 年货大集 184

7–13 年货摊 184
7–14 年货挂饰 185
7–15 门神像（1） 185
7–16 门神像（2） 186
7–17 芥末墩儿 187
7–18 饺子 188
7–19 素馅 188
7–20 在饺子里包入硬币、红枣等 188
7–21 踩岁 189
7–22 芝麻秸 189
7–23 供品馒头 190
7–24 红包 191
7–25 财神牌位 192
7–26 五显财神庙会的摸元宝民俗活动 192
7–27 五显财神庙会的掷金蝉民俗活动 193
7–28 中幡 193
7–29 杠箱老会（1） 194
7–30 杠箱老会（2） 194
7–31 小车圣会 194
7–32 高跷老会 195
7–33 大鼓老会 195
7–34 舞狮圣会 195
7–35 吵子圣会 196
7–36 年糕 198
7–37 赏灯 199
7–38 走马灯 200
7–39 包好的元宵 201
7–40 煮好的元宵 201
7–41 咬开的元宵 201
7–42 做元宵的滚筒 201
7–43 城门钉儿 201
7–44 烧纸 202
7–45 纸元宝 202
7–46 踏青 203
7–47 放风筝（1） 203
7–48 放风筝（2） 203
7–49 月坛祭月 205
7–50 自来红 206
7–51 自来白 206
7–52 自来红和自来白 206
7–53 兔儿爷 207
7–54 兔儿爷灯笼 207
7–55 兔儿爷山 207
7–56 春饼（1） 208
7–57 春饼（2） 208
7–58 春卷儿 209
7–59 炸春卷儿 209
7 60 龙须面 209
7–61 爆米花 209
7–62 豌豆黄儿 210
7–63 冬至饺子 210
7–64 馄饨（1） 211
7–65 馄饨（2） 211
7–66 九九消寒图 211

捌　游戏娱乐

8–1 传统玩具 212
8–2 空竹 214
8–3 抖空竹 214
8–4 滚铁环儿（1） 215

8–5 滚铁环儿（2） 215
8–6 踢毽子 215
8–7 握手平衡 216
8–8 房子 216
8–9 跳间儿 216
8–10 抽汆汆（1） 217
8–11 抽汆汆（2） 217
8–12 跳皮筋儿 217
8–13 杨树叶 218
8–14 拔根儿 218
8–15 抓羊拐 218
8–16 溜冰 220
8–17 堆雪人 220
8–18 雪人 220
8–19 下象棋 221
8–20 打麻将 221
8–21 牌九 221
8–22 蛐蛐儿罐 222
8–23 水槽 222
8–24 过笼 222
8–25 饲养、训练蛐蛐儿的工具 222
8–26 全套养蛐蛐儿工具 222
8–27 鸟笼 223
8–28 鸽哨儿 223
8–29 九连环 223
8–30 拉绳儿玩具 224
8–31 手把玩葫芦（1） 224
8–32 手把玩葫芦（2） 224
8–33 拨浪鼓 225
8–34 风车儿（1） 225
8–35 风车儿（2） 225
8–36 拉洋片儿（1） 226
8–37 拉洋片儿（2） 226
8–38 皮影儿 226
8–39 皮影儿戏后台 227
8–40 皮影儿道具 227
8–41 泥咕咕打老虎 227
8–42 小鸡啄米 228
8–43 各种玩具（提线儿老鼠、拉线儿猫、鸡吃米） 228
8–44 童男童女娃娃 228
8–45 摔跤娃娃 228
8–46 童子娃娃 228
8–47 纸花儿 229
8–48 克朗棋 229
8–49 水哨儿 229
8–50 撂地儿相声 230
8–51 数来宝 230
8–52 戏报集 231
8–53 演员场次单 231
8–54 票友唱京剧 232
8–55 脸谱 232
8–56 红票 232
8–57 京剧剧本儿（1） 233
8–58 京剧剧本儿（2） 233

玖　宗教信仰

9–1 上香 234
9–2 潭柘寺 236
9–3 灵光寺佛牙舍利塔 237
9–4 东方持国天王 237
9–5 南方增长天王 237

9–6 西方广目天王 237
9–7 北方多闻天王 237
9–8 哼将郑伦 238
9–9 哈将陈奇 238
9–10 雍和宫 238
9–11 烧香（1） 239
9–12 烧香（2） 239
9–13 排队等候上香 239
9–14 香（1） 240
9–15 香（2） 240
9–16 香炉 240
9–17 香案 240
9–18 转经筒 241
9–19 白云观庙会 241
9–20 东岳庙 242
9–21 碧霞元君 242
9–22 画符 243
9–23 天师镇宅图 243
9–24 赑屃 243
9–25 土地爷和土地奶奶 245
9–26 土地庙（1） 245
9–27 土地庙（2） 246
9–28 子孙爷和子孙娘娘 247
9–29 河龙王 247
9–30 火神庙 247
9–31 神龛 248
9–32 牌位 248
9–33 五供（1） 249
9–34 五供（2） 249
9–35 瓷供果（1） 249
9–36 瓷供果（2） 249
9–37 盘龙蜡烛 249
9–38 年年有余 250
9–39 寿槐 250
9–40 状元槐 250
9–41 摸铜特 251
9–42 铜特 251
9–43 玉马 251
9–44 摸石猴儿 252
9–45 十二生肖壁 252
9–46 摸石鱼 252
9–47 打钱眼儿（白云观庙会） 253
9–48 打钱眼儿（莲花池庙会） 253
9–49 打钱眼儿（潭柘寺庙会） 253
9–50 拜太岁 253
9–51 挂福条儿 253

〔后记〕

所谓“方言民俗”，不是简单的“方言+民俗”，而是两者的有机融合，是用特殊方言形式表达的例如地方名物、民俗活动、口传文艺等具有地方特色的民俗文化事项。由侯精一、李守业、曹志耘三位先生担任主编的国家出版基金资助项目、“十二五”国家重点图书出版规划项目“中国方言民俗图典系列”（第一辑）聚焦于方言民俗，用以文带图、图文并茂的形式向社会大众展示既“新鲜”又“熟悉”的方言民俗文化，吸引了一批志同道合的学者参与其中。

我有幸于2011年加入该项目研究团队，并承担了《北京方言民俗图典》的调查编写任务。由于不是当地人，刚开始的时候我对完成此项任务并无充足的信心，但几位主编的勉励给了我极大的信心。在近3年的调查编写过程中，我深刻感受到北京当地的许多传统方言民俗事物已处于濒危的状态，这给《北京方言民俗图典》的编写也带来了很大的困难。尤其是日常用具、服饰、农工百艺、婚育丧葬等几类民俗事项，调查难度非常大。此外，许多传统的民宅建筑、饮食方式、日常活动、节日习俗等也正在迅速消失。以春节为例，虽然吃饺子、放鞭炮等活动仍然保留下来，但是祭灶、踩岁等却已比较少见，即使是像吃年夜饭这样的标志性活动在具体形式上也已发生了很大的改变。为了顺利完成书稿编写，我们有时不得不从博物馆和民间收藏家那里补充搜集材料，应该说这是在中国的大城市里开展方言民俗调查所面临的一个普遍性难题。

或许有人会问：“普通话和北京话很像，北京的方言民俗文化应当得益于普通话的推广普及，为何会濒危呢？”其实，普通话并不等于北京话，北京话是一种方言，而普通话是“以北京语音为标准音，以北方话为基础方言，以典范的现代白话文著作为语法规范的汉民族共同语”，两者并不相同，尤其是在词汇方面的差异更大。与其他方言一样，现在能说地道老北京话的人越来越少，而方言民俗的基本性质是方言形式与文化事项具有同一性，二者不可分割，如果有一天北京话不存在了，那么严格说起来北京方言民俗也就消失了。

在本书即将付梓印刷之时，我要衷心感谢三位主编给了我进一步了解、研究和热爱北京方言民俗的机会。感谢本书的调查对象兼发音合作人高国森先生。感谢高晓虹、彭宗平两位老师在百忙中抽时间通读书稿，并提出许多宝贵的修改建议。感谢张永利先生为本书的调查提供众多的线索。感谢石晨、张伟夏协助我们完成各种调查整理任务。

北京方言民俗源远流长、丰富多彩，绝非一人一书所能尽述。限于篇幅，我们只能遴选比较有代表性的内容进行展示，但无论如何，通过《北京方言民俗图典》的编写出版，我们也算是为保护北京方言民俗文化尽了一点微薄之力。此外，由于本人天资愚钝、学识浅薄，书中无论是民俗内容还是方言记音都难免有错漏之处，敬请大家批评指正。

刘晓海

2014 年 11 月